中国近现代音乐图像史

丛书主编 洛秦

《良友》画报
图说乐·人·事

张静蔚 编注

INSTITUTE

上海音乐学院出版社
SHANGHAI CONSERVATORY OF MUSIC PRESS

图书在版编目（CIP）数据

《良友》画报图说乐·人·事/张静蔚编著. —上海：
上海音乐学院出版社，2017.8
ISBN 978-7-5566-0190-5

I.①良… II.①张… III.①期刊—史料—中国—
民国 IV.①G239.296

中国版本图书馆CIP数据核字（2017）第169304号

丛 书 名 中国近现代音乐图像史丛书
主　　编 洛　秦

书　　名 《良友》画报图说乐·人·事
编　　注 张静蔚
责任编辑 杨成秀
封面设计 梁业礼
出版发行 上海音乐学院出版社
地　　址 上海市汾阳路20号
印　　刷 上海印刷（集团）有限公司
开　　本 787×1092　1/16
印　　张 15.75
字　　数 图文260面
版　　次 2018年2月第1版　2018年2月第1次印刷
书　　号 ISBN 978-7-5566-0190-5/J.1204
定　　价 88.00元
出 品 人 洛　秦

目　录

代　序

音乐图像研究作为重写中国近现代音乐史的一个新视角

洛　秦

一、缘　起

张静蔚先生是我的师长，自从我迈入中国音乐史学以来一直受教于他。特别是留学回国之后，尝试从事近代上海音乐历史研究，无不受到张静蔚先生的著述的影响。张静蔚先生并不嫌弃我这位后学，积极鼓励和支持我这位古代音乐史出身跨界涉足近现代音乐史的斗胆者，实施"音乐上海学"的设想。很多年来，我们一直保持着师生与朋友的关系。

张静蔚先生让我为其《〈良友〉画报图说乐·人·事》和《〈北洋画报〉图说乐·人·事》作序，小辈为长者的大作写序，真有点"岂有此理"。只是我作为出版人，几年来亲历了这两本书稿问世的过程，学习和体会到它们自身的价值，以及对于中国近现代音乐史研究维度的拓展的意义——音乐图像研究作为重写中国近现代音乐的一个新视角；同时，师生情缘似乎应该是一份责任。为此，以此"代序"讲述两部书稿出版的过程和我的感悟。

2012年9月，在沈阳召开的中国音乐史学会第十二届年会上，我看到了张静蔚先生带去的"《良友》音乐图片集"初稿复印本，甚是兴奋，觉得这是很有意义的中国近现代音乐研究的新视角。希望赐教得到一本进行学习，并且考虑是否能出版以飨广大读者。

会议结束回到上海不久，我收到张静蔚先生的邮件：

洛秦教授：

你好！"史学会"开会的时候，我还想跟你聊一聊，后来找你就不见了，估计你提前回沪了。很想听听你对我的《……老照片》文稿的看法。这本书稿原来在2006年就编好了，2008年我曾用"PPT"的形式，在贵院讲学，但我觉得效果不理想，后来也就放下了。今年，我又给研究生讲了，他们认为很有意思，我才又把它印成"集子"。我是觉得，一些年轻人对"近代史"的感性的东西了解得太少，甚至没有感觉。看看一些类似的东西，可能是有好处的。

因为这本书我还没有做完，后面还有一些文字尚待补充；总体上也需要进一步斟酌。我还想这本书稿也说不定是你的"音乐上海学"的一部分。

祝教安、编安！

张静蔚　2012.11.6

自此，我与张静蔚先生就开始商议"《良友》音乐图片集"的出版计划。其间，关于选题定位、出版形式、编排结构、图文关系、书稿完善，特别是图像质量（因为条件所限）问题等都一一进行了详尽探讨，并签订了出版合同。一年后，惊喜地收到了张静蔚先生以下的邮件：

洛秦教授：

你好。实在不好意思，简单说吧，我还有一部书稿，是"《北洋画报》音乐图片集"。这可以说是"《良友》音乐图片集"的姊妹篇。在没有做好之前，我是不会对旁人说的。今天我只有跟你说了。

我在2001年开始，系主任也下了，学生也少了，所以每天泡在国图看画报，把旧中国的三大画报都看了，花了两年时间。（不是每天看）同时也做了一些记录，拍了一些图片，总觉得该做点什么，又没有好的想法。当时还耳闻说某些年轻的学者在做什么近代的"图典"或"图录""图鉴"之类的东西。我很想等着看一看，一直未见到。到2002年我的想法逐渐清晰，就是为近代音乐史编出"图片集"。所以就把《良友》和《北画》仔细考虑起来，一点一点积累素材。《良友》做得很顺利，一下就编出来了，到2005年已经形成了"稿本"的样子。2006年陈聆群让我到上音讲学，2007年我把《良友》就作为一个题目在上音讲了，还做了PPT。但我总觉得"效果"不理想，回来后就一直放着。由于换电脑，丢失了一些东西，特别是《北

画》几乎全丢了。（一个u盘，找不到了）

2012年我又想起"画报"的图片，想把老的东西搞回来。由于要开"史学会"，我的学生看了，认为《良友》的图片很有学术价值。这样我才把《良友》的书稿做了几本，请大家提意见。承蒙你的胆略和赏识，有幸能出版，我真诚地谢谢你。但是《北画》怎么办呢？所以我有个新的想法。

......①

目前《北画》的素材已搞好，约550幅左右。"稿本"大体完成，但还在进行修改想搞得好一些。我是想把"稿本"搞出来，像《良友》一样印出来给你审阅。你看如何？

前面我已说了，决不为难你。如果不能在你社出版，我再另谋出路。另，发一个文件，选了几幅图片，给你看看。（图片中保留了原说明，需要重写。在形成"稿本"后一并剪掉。）实在不好意思，耽误了你好多时间。

祝教安！

张静蔚　　2013.9.13

收到张静蔚先生这封邮件喜出望外。为什么？

从出版的角度来说，有两本以上的"套书"或"丛书"是非常有利于市场推广的。因为出版物成为系列，比较容易吸引读者的注意力，而且作为一个学术领域也就有了一定的"体系化"的规模效应。更重要的是，张静蔚先生着力于音乐图像研究正好与我的想法不谋而合。我一直对音乐图像有兴趣，早年的文章《从声响走向音响——中国古代钟的听觉审美意识探寻》《方响考》虽然不是很成熟，但也体现了我对于图像中音乐性的一些思考。与张静蔚先生商讨出版"《良友》音乐图片集"的时候，正好我在组织翻译一本音乐图像学论文集的中译版《艺术中的音乐》（Music in Art）。中译版《艺术中的音乐》文集选辑于英文期刊 Music in Art——International Journal For Music Iconography。Music in Art 是目前国际上最重要的音乐图像学期刊，它由美国纽约城市大学（New York University）音乐图像研究中心（Research Center For Music Iconography，英文缩写RCMI）主办，其为纽约城市大学研究中心的一个项目。这本译著缘起于2007年，经李玫教授的引荐，我与美国纽约城市大学音乐图像研究中心主任，也即 Music in Art 的主编布拉泽科维斯先生结识，并一直商谈关于中文版《艺术

---

① 省略内容见本文后详述。

中的音乐》的出版。经过多年努力，与李玫、刘勇二位教授合作，2012年秋天在中国音乐学院举办的"音乐图像与东西文化交流国际会议"上中文版《艺术中的音乐》①已经问世出版。因此，张静蔚先生的"《良友》音乐图片集"，加上得知张静蔚先生还有一本"《北洋画报》音乐图片集"，这两部音乐图像研究的姐妹集岂不是将作为中国音乐图像学研究的成果与译著《艺术中的音乐》相呼应，为音乐图像学在中国的发展提供很好的资源、样板和动力吗？

因此，上述张静蔚先生的第二封邮件不仅让我喜出望外。张静蔚先生对我的信任，以及其书信中的思考和对此主题不懈的努力，深深地感动我。这就是《〈良友〉画报图说乐·人·事》和《〈北洋画报〉图说乐·人·事》姐妹篇问世的缘由。

二、音乐图像学在中国

通过图像中发掘和认知音乐的作用或意义，作为一种学术研究的方式，在中国尚处于起步阶段。从目前知网上能够搜索到的研究状况，大家的思考和所涉及的领域主要集中在以下几个方面：

1. 关于音乐图像学建设的呼吁或发散性议论，诸如罗永良《中国音乐图像学鉴思》②，作者期望更多的音乐研究者、艺术研究者来关心和支持中国音乐图像学的发展，促进并推动其真正与世界音乐图像学学术前沿接轨，由此也不枉中国所蕴藏的丰富而深厚的音乐图像资料。再如车新春的硕士论文《二十世纪的中国音乐图像研究》③回顾中国音乐图像学发展过程，并进行了总结，结语部分，讨论了中国音乐图像学与国外音乐图像学学科发展的不同之处，并对其发展前景作一展望。罗先文《我国音乐图像学的研究现状和思考》④，文章提出"我国的音乐图像学研究还需要加强图像学与音乐图像学理论的研究，避免各种观点和手段的泛化；淡化学科之争，注重实效性研究；参照图像学的发展趋势，拓展音乐图像学的研究领域和范畴。"

---

① 《艺术中的音乐》（洛秦主编，李玫、刘勇副主编，上海音乐学院出版社，2012年）作为"西方音乐人类学经典著作译丛"之一，出版后得到了读者欢迎，目前正在进行重版。为了更为明确该著作的学术属性，重版后的书名将调整为《音乐图像学研究集萃》。
② 载《中国音乐学》，2009年第1期。
③ 山西大学硕士论文，导师高兴，2004年。
④ 载《玉溪师范学院学报》，2009年第7期。

2. 另一类为国内外音乐图像学现状的综述，例如王玲《西方音乐图像学的发展历史及国内外音乐舞蹈图像研究现状述评》①，文章摘要指出，欧美各国率先挖掘和整理音乐图像，揭示其深层文化艺术意蕴，以艺术史学的方法综合研究音乐舞蹈史。音乐图像学在艺术史学、考古学、音乐学其他相关学科的促进下有了新发展。关注与其他学科、与世界各民族音乐文化的交流，是当前国际音乐图像研究的新动向。音乐图像研究的一些基本方法在我国学界已经历长期实践。鉴于中国音乐图像研究最新成果，既可见其正发展壮大，也发现有待提升的空间，研究方法和范式亟待与国际学术界接轨。有必要建立具有中国特色的"中国音乐图像学"理论体系，以期使中国音乐舞蹈图像研究逐步纳入有计划、步骤、主体意识、学科理念和规范的渠道。

3. 再是有关音乐图像学学科性质的探讨，诸如刘勇在其《音乐图像的辨伪问题》②中指出，音乐考古学与音乐图像学的关系，目前在学界认识尚不一致。有学者认为音乐图像学是音乐考古学的一个分支。因为图像，作为音乐图像学所研究的对象，都是古代的遗迹而非现代作品。对这些古代遗迹进行研究，自然也就属于音乐考古学的一支了。也有的学者认为，音乐图像学不像音乐考古学的对象那样庞杂，有自己专门的研究对象，也有相对独立的研究方法，所以应该自成一个学科。另一位学者王玲的《对音乐图像相关概念的界定及其本质特性的理论思考》③一文相对讨论得比较完整，她认为，音乐图像研究是指对音乐的视觉化表现形式——音乐图像及其意蕴的诠释。音乐图像学是对各种音乐舞蹈图像的形式、风格、内容及其中的各种符号、题材等加以鉴定、分类、描述和诠释的专门学科。音乐视觉图像的研究分为三个层次：前音乐图像研究描述、音乐图像研究分析、更深一层的音乐图像学阐释。音乐图像学把音乐图像视为特定民族文化的表征和范式。视觉化的音乐图像符号体现了其创作民族广泛的共同认知、哲学思想和美学追求，代表着一个社会群体的文化意识和文化精神。音乐图像是认识和延续民族文化的重要中介，同时它们也受社会与文化演变的影响。音乐图像的艺术美体现于其图像形式与音乐内容两个方面，其形态特征与观念特征是无法割裂的统一体，它们之间相互依存、相互转换、相互反馈的结构关系，正是这种既有形式又具意蕴、既是形态又是文化观念的集合符号的基本特征。作为一种整合了听觉艺术与视觉艺术的特殊艺术形式，音乐图像具有情感

① 载《民族艺术研究》，2015年第5期。
② 载《音乐研究》，2012年第5期。
③ 载《音乐艺术》，2011年第4期。

表现性。音乐图像的艺术表现既反映其音乐和美学本体特征，又必然透视出相关时代社会历史文化的某些特征。

在这一领域，也有对于学科性质和研究方法进行争议的一些讨论。例如李玫《图像研究还是看图说话？——评李荣有〈汉画像的音乐学研究〉》①，作者认为：汉代画像形式多样、内容丰富且风格独特，早就引起学者的注意，并且已经产生了众多研究成果。20世纪50年代以来的研究成果显示出对汉画像的研究路向，已经跳出了由金石学沿袭下来的以玩味欣赏为重的那套路数，不再只是孤立地对单张画像石、砖拓片收集、著录，而是深入发掘各种画像所蕴藏的文化内涵，努力寻找汉画像艺术与人的信念、理想之间的关系，努力理解汉画像所体现的思想史内涵，这便拓宽了汉画像研究的文化视角。这种继承并发展了的以图像为媒介的研究目标及方法包含了图像志（iconography）和图像学（iconology）两种学术科目。前者是对图像进行描述、分类，后者是对图像的解释方法。而汉画像中大量有关乐舞百戏的内容又成为音乐图像志及音乐图像学的研究对象。大半个世纪以来，已经发表或出版的众多汉画像研究论著中都或多或少地包含有对乐舞内容的研究解释，《汉画像的音乐学研究》则是一本以汉画像中乐舞内容为主题的研究专著。读过之后，发现该著过分放大了这些图像在文化史阐释中所能担当的作用，没有学科理论的缜密思考和对图像及图像内容的全面分析，就急着下结论："汉画像中的音乐艺术形象……补了中国古代音乐文化史的一些空白和不足"，使本应平和理性的学术研究多了些口号式的过度拔高，同时也存在着学术规范欠缺的问题。另一篇杜亚雄的《应该正确评价中国音乐图像学的成就》②对于罗永良的《中国音乐图像学鉴思》一文未能正确评价中国音乐图像学取得的成绩提出了批评，作者认为罗文中有不少提法既不公正，也不严谨，故提出商榷。文章试图从研究对象、资料的使用和研究方法三方面指出罗文的错误。

4. 更多的成果无疑是对于具体研究对象的探讨。学者吕钰秀有两篇相关文章《图像中的音乐史料研究视角与方法》③《台北故宫博物馆绘画中的音乐图像研究》④。她在文中指出，"音乐图像学的研究对象，是一切与音乐有关的平面视觉艺术品。音乐图像在音乐史学科中，长期作为历史的见证，但1992年希巴斯（T.Seebass）参考了帕诺夫斯基（E. Panovsky）的理论，提出了音乐图像研究的

---

① 载《文艺研究》，2008年第5期。
② 载《艺术百家》，2010年第1期。
③ 载《中央音乐学院学报》，2014年第3期。
④ 载《音乐探索（四川音乐学院学报）》，2002年第2期。

三步骤之后，音乐图像学脱离了仅作为音乐史辅助的角色，开始具有独立研究的价值。20世纪后半叶，声音景观（soundscape）概念影响了民族音乐学的研究，使音乐图像在提供历史见证与文化象征之外，更具备了重建古代音乐声响想象的意义。"同时，作者通过以台北故宫博物院所珍藏的绘画作品，特别是对《宪宗元宵行乐图》的分析，探讨了中国古代文人音乐、古琴文化，提出了重建古代声响的思考。

郑祖襄《宋、元、明琵琶图像考——琵琶乐器汉化过程的图像分析》①主要通过考古发现宋、元、明时期的琵琶图像，反映出琵琶形制、演奏形态的历史演变。根据图像并结合相关文献史料可知，宋代以后琵琶逐渐设置品位并斜抱演奏，独奏形式越来越广泛。元代以后琵琶出现了"四相五品"，与琵琶套曲《海青拿天鹅》的问世相关联。明代以后琵琶品位有十品之多，并废弃拨子用手弹，右手技法获得进一步发展。明代琵琶形制的完善促进了琵琶音乐的成熟，文、武套曲体裁均已形成。

林蔚丽《中国山水画中的古琴音乐图像》②探讨了以古琴为题材的中国传统绘画作品，依据琴在画中所呈现的形态而将其划分为抱琴图、抚琴图、陈设图三类。并且以此为视觉证据，说明了产生这一题材的社会人文环境，与文人们的关系等生活情态和审美价值的同一性，以及古琴音乐文化与文人名士的内在精神联系。对于图像所表现的意境及所隐含的文化意义作了详尽的论述。

刘勇《陈旸〈乐书〉乐器插图中的若干问题》③指出，插图是书籍中通过视觉形象帮助读者理解文字内容的图像材料，也是图像学的研究对象之一。我国重要的音乐典籍陈旸《乐书》中有许多乐器插图摹画得不够准确，对读者认识乐器不但没有起到帮助作用，而且还可能误导，他呼吁大家如果在著作中使用插图，应注意图像的准确性。

西方学者对于中国音乐图像的研究也抱有极大的兴趣。王玲《西方音乐图像研究者眼中的〈韩熙载夜宴图〉》④介绍了美国音乐图像研究专家彼得·张对《韩熙载夜宴图》作出了独具特色的阐释，他认为，该图可能是宋代对五代原型的再创作，其起源和风格特征暗示它可能是南宋时对遗失原作的复制。呈现的管乐合奏是龟兹部和鼓笛部的混合，归因于韩家演奏音乐的非正式性，音乐类型

---

① 载《中国音乐学》，2008年第4期。
② 同上，2007年第4期。
③ 载《中央音乐学院学报》，2016年第3期。
④ 载《民族艺术研究》，2005年第5期。

和表演很可能为唐代模式。图像表现出音乐是高雅的，对雅的不懈追求是贵族阶层生活方式的基本点，反映出唐朝和五代时期统治者与艺术家之间的等级关系。画家不是为了让图像观众鄙视韩熙载的个性和生活方式，而是要让他们仰慕他在文学和音乐领域的技巧和造诣。精通音乐是一种文化成就。置身于音乐中的统治阶级的视觉呈现说明其才能及艺术和音乐实践中的阶级差别，贵族阶层是艺术和音乐领域的主宰者。

还有学者对于国外的音乐图像进行了研究。例如杨民康《柬埔寨吴哥窟石雕壁画中的乐器图像研究》[①]叙述道，大约建造于9–12世纪的柬埔寨吴哥窟，历经战火之后，至今尚保留了大量精美的浮雕和塑像资料，其中包含许多吴哥王朝时期的宫廷文化、宗教仪式与民间乐舞文化生活与乐器、乐队图景。后世柬埔寨王室及民间舞蹈艺术家则根据这些珍贵的历史和艺术图像学资料，力图去重建高棉古典舞蹈艺术体系。通过对柬埔寨吴哥窟进行田野考察所获的乐器、乐队图像资料与历代汉文史料以及当代南传佛教舞蹈音乐资料进行比较分析，可以从音乐文化史及艺术图像学角度，对这一时期柬埔寨吴哥王朝的宗教祭祀与乐舞文化中乐器的使用状况进行复原性勾勒和描摹。

相对于音乐学其他研究领域，虽然公开发表的音乐图像学文章并不很多，但眼下这个新兴的研究视角正处于不断发展的阶段。中国音乐史学会名下的中国音乐图像学会自成立以来，至今已经举办了多次学术研讨会。例如，由该学会主办的2016年10月第十四届国际音乐图像学会暨第三届中国音乐图像学年会在西安音乐学院举行。此次会议主题为"音乐图像及其跨文化交流"。议题集中于以下几方面：

（1）学科方法的探讨。诸如李荣有《中国音乐图像学古今方法考述》、胡小满的《"定睛法"与音乐图像研究》。

（2）对于中国古代音乐图像研究仍然是热点。诸如刘勇的《谁发明了中国乐器》、黄敬刚的《地下出土先秦时期音乐文物研究》、王安潮的《皖北汉画石中的音乐形态研究》、王歌扬的《以乐器排箫、鼗鼓和量器规、矩为例——试论汉唐浪漫主义思想的精神特质与实践来源》、高兴的《晋南陶寺土鼓的音乐图像学研究》、武利华的《试论汉代音乐图像中的"鼓吹乐"及乐队组合》、丁同俊的《吴晋越窑青瓷魂瓶乐舞图像研究》、卜友常的《试述南阳汉代乐舞画像砖墓的渊源及其影响》、介移风的《晋南出土春秋战国编钟的音乐图像

---

① 载《中央音乐学院学报》，2016年第2期。

学研究》、段文的《从契丹"八音和鸣"币谈辽代宫廷乐队乐器构成及文化背景》、金溪的《北魏石窟寺伎乐形象的出现、演变及其原因》、方清刚的《石头上的律动——汉画〈太平有象〉组图简介》等。

（3）丝绸之路的音乐图像研究成为了新的关注点，例如有朱晓峰的《晚唐敦煌地区鼓类乐器制作考》、钟力《敦煌莫高窟第156窟出行图的声音景观》、毛睿《形象–心象–法象——敦煌弥勒经变造像的艺术哲学问题探讨》、刘文荣《丝绸之路石窟壁画"华"与音乐供养图像及其流变研究》、李西林《韩休墓乐舞壁画解析》。

（4）另一项一直是重要的领域，即中国地方与少数民族音乐图像研究。如李宝杰《榆林横山乡村土庙祈雨壁画中的乐人形象分析》、肖文朴的《身份认同与性崇拜：瑶族长鼓图像的双重象征》、别志安《商周时期岭南礼乐文明之乐的滥觞——从越族大铙南渐、中原甬钟传入言起》、王玲的《中国西南云南音乐舞蹈图像视觉化的民族音乐形态和结构特征》、崔保亚《贵州少数民族音乐图像学的特征和研究价值》、彭小希《滇文化青铜器乐舞图像研究》、杨洁《南诏国消失的铜鼓——〈南诏图传〉的一个独特视角》。

5.随着古琴研究的成为学界研究热点，越来越多的学者对此投入了热情。例如，李美燕（中国台湾）《日本正仓院"金银平文琴"的音乐图像研究》、季伟《汉代不同质别的弹琴类画像文物》、牛龙菲《法自然·尚简易——中国古琴》、杨元铮（中国香港）《中国公元前四世纪时期古琴上的漆画》、杨天星《宋画中的古琴》等。

6.这次会议的国际性特点体现在西方人眼中的中国音乐图像研究和跨地域的音乐图像研究。诸如，[美]Zdravko Blažeković的《十八世纪欧洲人心目中的中国音乐》、[美]Bo Lawergren的《汉代青铜镜上所见到的抚琴图案》、[美]Lars Christense的《北宋乐器图解中有关图像规范性和描述性的问题》，以及研究视野"聚焦亚洲"和"从地中海遗迹到汉代中国"。诸如，王希丹的《论集安高句丽墓壁画中的细腰鼓》、美国双子城明尼苏达大学的Gabriela Currie在《同一个世界，不同的世界：古陀罗国的音乐纽带》、[伊朗]Maryam Dolatifard的《乐器图像：帖木尔时代Shahnameh Baysonghort的插图手稿》、[意]Daniela Castaldo的《罗马帝国时代早期民间艺术中的音乐主题》、[法]Sylvain Perrot的《蛙鸣与打击乐：古希腊铜像的新观察》等。

同时，部分学者也进行了跨学科的探索，熊宁辉的《音乐图像的联觉含义》、刘宇统的《火花的秘密：火柴盒上的音乐图像分析》、樊杨洁的《数字化音乐图像技术及其运用探索》等。这些文章通过现代科技、日常生活，以及创作思维与方法对音乐图像学加以新的拓展与尝试。①

三、可视性声音文化维度及其意义
——音乐图像学的独特性与不可替代性

音乐图像学是一门什么样的学科？

简单而言，它是通过图像的途径来研究其与音乐之间关系的研究领域或学科。

那么，它具有什么样的特殊性呢？

我认为，音乐图像学的独特性与不可替代性，体现为"可视性声音文化维度及其意义"。这是我在主编、翻译和审校音乐图像学文集《艺术中的音乐》的过程中思考而得出的。在此，我将这一思考的内容摘录部分介绍如下。在翻译审校过程中遇到的最大"问题"，事实上也是需要进行探索的学术研究的论题，即《艺术中的音乐》所反映的"音乐图像学"所涉及的最基本的范围与概念问题。

《艺术中的音乐》有两个关键词：艺术、音乐。也就是说，当阅读该文集时，我们必须面对与思考它的这些成果所反映的"艺术"和"音乐"是什么？

文集中的"艺术"的类型与范畴基本是美术范畴，其类型有绘画、设计、雕塑、建筑。研究者们关心和思考的是这些类型资料中反映的音乐事像。那么，他们所讨论的"音乐"的性质与内容又是什么呢？与音乐直接相关的是11篇乐器研究，占了文集约43%篇幅的研究探讨了以下的这些内容，即乐器起源及传播、文化信仰与交流、消费与社会生活、乐器图像志分类、复制技术与装饰、娱乐与性文化、社会阶层与殖民文化遗迹，以及哲学意义与文化象征；其他15篇文章研究涉及了这些问题：民居建筑图像中的音乐主题、地域风格的表现方式与象征意义、音乐和谐数学比例的关系、音乐图像及其历史文化语境、崖石刻画与史前人类宗教艺术活动、草图肖像所反映的音乐家性格、圣诗文本和书页图案与音乐表演、货币装帧与音乐政治、收藏爱好与作曲家生活情趣、器皿装饰与音乐神话寓意，以及弦乐四重奏的视觉意识形态。

从上所述可见，《艺术中的音乐》所探讨的问题并没有我们传统意义上认为的"音乐"内容。它既没有研究音乐表演（演奏或演唱），也没有分析具体作品的音乐风格。《艺术中的音乐》被称为最为权威的音乐图像学研究成果却不涉及"音乐"，那

---

① 上述内容选辑于中国音乐史学会微信平台。

么，没有"音乐"内容的音乐图像学研究的范畴、价值及意义何在？

音乐图像学为一个新兴的研究领域。除了上述的文论之外，不少学者对其投入了很大的关注。例如，韩国鐄教授曾对音乐图像学的性质和价值作过以下的表述："音乐图像学研究的最大贡献在于补助文字之不足。虽然其研究范围不限于某一时代，但一般仍以古代为主，原因是在照相及电影没有发明以前，古代的乐器和演奏形态文字描述不足之处，图像可以相辅相成。最耐人寻味的音乐图像学研究是音乐象征性之表达，其中尤以乐器的象征性资料最丰。"[1]韩国鐄教授的表述指明了音乐图像学的两个主要特征，其一为"补足文字之不足"，其二为乐器的象征性研究。

塞巴斯（Tilman Seebass）对音乐图像学的性质和特征有过三个层面的论述：1）对音乐图像材料进行描述和解释；2）将相关的音乐图像安置于社会文化语境中进行图像志方式的叙事；3）对音乐图像材料所存在的特定文化中的寓意、象征进行解释。[2]

关于图像学所涉及的艺术与音乐的关系，塞巴斯还说，"图像学的一个重要目标就是对画面所表现的音乐现象与实际的音乐演奏之间的关系展开分析。画家优先关注的问题往往和音乐家以及音乐人类学家大不相同。对画家而言，从美学方面考量画面的构图模式和艺术传统也许比具体描绘对象或场景的精确性更加重要。[3]

音乐图像学是图像研究与音乐研究的交叉结合，鉴于其图像资料的"非音乐"特性，它无疑并非主要关注音乐声音、音乐表演及音乐风格的探讨，而是人们通过图像资料去探讨那些传统研究领域（例如乐谱、文字记载、乐器实物、音响音像材料以及音乐表演研究等）无法涉及的内容，来发现、理解和解读特定的音乐现象。对于视觉艺术中的文化维度及其意义研究，具有音乐学中不可或缺和不可替代的特性及其价值。

我主编的《艺术中的音乐》收录了一篇文章《佳人弄弦：中国出口水彩画中对胡琴的描绘》。由于刘天华的改革及其贡献，使得二胡这件在古代"名不见经传"的乐器在近现代音乐历史上得到了迅速的发展，并取得了重要的地位。然而，鉴于音乐史学家大多在传统史料中寻找相关的音乐内容，由此在刘天华之前的二胡

---

[1] 韩国鐄:《音乐图像学的范围和意义》，载《中国音乐学》，1988年第4期。

[2] Tilman Seebass, "Iconography", in *Ethnomusicology: An Introduction,* ed. by Helen Meyers, New York: W. W. Norton, 1992, pp.238–239.

[3] 同上。

▲ 笔者摄于西雅图公众集市中心

的情况所知甚少，更不用说了解到其在近古时期所生存的社会环境及其价值。18世纪晚期至19世纪末，广东向国外出口大量的水彩画册，英国图书馆、博物馆有百余幅的藏品，这些画卷中保留着鲜为音乐学界所知的当时二胡的社会文化信息。文章作者许恩（Colin Huehns）通过对中国出口水彩画中对胡琴描绘的研究，阐述了他的发现，即这些画册与生俱来地拥有与"人"的接触，它们描绘着普通人的生命，它们采用着更直接的、更个性化的视角，这是许多其他物品所不具备的。或许这正是它们吸引最初购买者的地方。那些绘有美貌丽装女性演奏乐器的水彩画极为鲜明地显示出音乐与娱乐、胡琴与性之间的联系，一定程度反映了"底层阶级"的日常生活。虽然胡琴音乐本身已然消逝，但这些图像给予我们通过碎片化的印象来追寻胡琴音乐产生的历史语境。

我在美国留学时候，曾做过美国街头音乐的田野考察。在美国西海岸的西雅图有一个众所周知的"公众集市中心"，那里是著名的美国传统小商品市场，已经有一百多年的历史。同时，它也是街头音乐家表演的重镇。图录中的那幅画记录的就是这个"公众集市中心"广场上街头音乐家表演的情形，画前的这块地方是街头音乐家们每日演奏的地点。画上标明："农民集市"（Farmers Market）。此画作于1968年，它是几十年前这里的写照。"农民集市"的标题是美国文化中坦荡、朴实精神的体现。

我们从这幅画中看到了什么？看到的不只是随意的一幅壁画、一张广告，它是一个历史与文化的见证。费孝通先生有过一句话："美国并不是一个河里流着牛奶，树上结满葡萄的天堂。假定现在已近于天堂，那是从地狱里升上去的。"美国人的高度文明一大半产生于他们可爱的坦诚。他们从不否认自己没有多少历史，从不抱怨自己过去多么艰辛，从不掩饰自己曾有过的错误，当然也就从不会羞愧自己出身于农民。就连这里绘画上的标题都明确告诉大家，如今西雅图最繁华的地段，半个世纪前是农民的"天下"。透过那"农民集市"画中不那么"专业"的笔触，给予旅游者、行人及我们读者的感觉是，那种坦诚的背后蕴涵着一个"胜利者"的骄傲。承认过去的不那么辉煌的历史没什么，自豪的是理直气壮的今天。谁说街头音乐不入流，它也是新大陆的文化之一。想想如今被列为大学"古典音乐"课程的爵士音调，之前也不过是殖民主义带来的奴隶们所创造的产品。所以，在笔者眼里，"农民集市"壁画就像是这里街头音乐活动的"宣言"：这里是我们的起源，这里是我们的土壤，这里是我们的生活，这里有我们的精神，这里更是我们的文化。①

至此，我们已经充分感受到了视觉艺术中所蕴含的声音文化的维度及其意义，也从而体现了音乐图像学的特殊性和不可替代的价值：

萨迪亚（Stanley Sadie）认为音乐图像研究是指对音乐的视觉化表现形式（音乐图像）及其意蕴的诠释。②那么音乐的视觉化表现形式的意蕴是什么呢？笔者以为，其"意蕴"既不是前文所引韩国镀教授所述的"补足文字之不足"或"乐器的象征性研究"，也不仅仅是如塞巴斯论述的三个层面——1）对音乐图像材料进行描述和解释，2）将相关的音乐图像安置于社会文化语境中进行图像志方式的叙事，3）对音乐图像材料所存在的特定文化中的寓意、象征进行解释。

从以上大量例证可见，这些视觉化表现形式中的音乐内容是文字通常不涉及的。换言之，这些音乐图像的研究并不是去印证或补充文字资料对同一论题的阐述之不足而进行的。而且，许多音乐图像所保存和体现的情形和寓意也不是文字可以替代的。音乐图像学的独特性在于其提供了音乐学研究中一种"可视性声音文化维度及其意义"。

四、音乐图像学，重写音乐史的另一层面
——视角和材料的拓展

我们回到本文的主题，即关于张静蔚先生的《〈良友〉画报图说乐·人·事》和《〈北洋画报〉图说乐·人·事》。通过以上第二部分梳理和介绍了目前音乐图像学在中国的研究状况，请读者务必注意一个非常令人惊讶，并需要认真关注的现象，即所有这些音乐图像学成果中，竟然没有一项是关于中国近现代音乐内容的研究！笔者目前能够查找的仅有一篇关于近现代音乐内容的图像学研究文

---

① 详见洛秦：《街头音乐：美国社会和文化的一个缩影》，人民音乐出版社，2001年。

② Stanley Sadie, ed. *The New Grove Dictionary of Music and Musicians,* Second Edition. London: Macmillan Publishers Limited, 2002, Volume 12, p. 54.

章，即叶新《黎锦晖儿童歌舞出版作品图像的艺术风格》。①

这是一个非常奇特的现象！

中国近现代音乐没有图像资料？其不适合进行图像学的研究？

回答无疑是否定的！

这种现象的存在，反映了学界对于音乐图像学的研究范畴尚需要进一步深入讨论和开阔视野。以上所梳理的音乐图像学研究成果，除了少数议论性的学科建设的呼吁之外，主要集中在：1）中国古代音乐，诸如与音乐相关的考古、乐器、绘画和壁画内容；2）少数民族生活中涉及的与音乐有关联的图像内容。然而，近现代以来的城市音乐、专业音乐、音乐创作、音乐表演等内容完全没有受到应有的关注，对于报刊、图书、乐谱、唱片、剧场、舞台等与音乐有着密切关系的表达媒介完全没有受到应有重视。同时，它也反映了中国近现代音乐史研究中，存在着一大块被忽略的视角——音乐图像学对于其研究的重要价值，而其恰恰是学界呼吁的"重写音乐史"的一个值得关注的新层面。

冯长春在其《历史的批判与批判的历史——由"重写音乐史"引发的几点思考》②一文中对此问题提出了非常中肯的批评，他指出："近年来中国音乐史学界关于"重写音乐史"问题的讨论引起了学界广泛的关注，讨论本身涉及音乐史学研究中的许多重要理论问题，其意义不仅仅在于使我们看到了对一些具体史实的不同认识、评价、不同的审视与理解的角度，重要的是，通过讨论，使我们意识到音乐史学学科的理论建设中目前存在的一些深层的问题与矛盾。而音乐史学研究中所透露出的某些深层的问题与矛盾，恰恰是当前我们所理应关注的，这对于今后的音乐史学的研究必然也有着极为重要的实际意义。比如，如果我们不对史学研究的方法论乃至我们的史学观念进行反思，而仅仅停留在对史料、史实及其不同的具体评价层面的争讼上，那么重写音乐史的讨论就会停留在一些基本的史学常识的演练上，对于我们以后的史学研究并不能真正带来深层的反思。窃以为，不厘清'重写'概念的具体指向、不对我们各自的史学观进行省思，'重写音乐史'要么是一种良好的愿望，要么依然停留在史学研究经验操作的层面上而无法真正实现有的学者认为必须重写的目的，也无法对我们今后的

① 载《长治学院学报》，2014年第6期。作者认为音乐图像学作为一名独立而又交叉的学科，现如今正被一些音乐史学家们重视。它是以美术作品为线索进行音乐史研究，是对美术作品中的音乐题材内容进行分析与解释。该文从黎锦晖出版的儿童歌舞作品的文字刊物图像进行分析，探索黎锦晖儿童歌舞作品的纯朴童真和符合时代气息的儿童形象，进而分析黎锦晖儿童歌舞作品艺术风格形成的成因。

② 载《中国音乐学》，2004年第1期。

史学研究进行客观的认识与价值评判，更不利于各具特色的音乐史研究著作的出现。"

冯长春指出的深层问题涉及中国近现代音乐史研究领域自身的学术定位、学科性质、研究主体、服务对象及功能作用等，这些不是本文讨论的内容。在此，我仅希望通过"图像学"的视角来思考：中国近现代音乐史研究中的"音乐"所包含的"可视性价值"。

事实上，"音乐"所包含的"可视性价值"不仅只是中国近现代音乐史所需要思考的。就图像学而言，所有与此相关的内容都将涉及这一问题。无非是，中国近现代音乐史距离今日更近，音乐与视觉图像所留存的材料更多、更丰富，我们应该更能够通过这一视角来拓展和充实中国近现代音乐史的内容，使其立体化和富有血肉。这也就是"重写音乐史"所应该思考和实施的范畴。从文化大语境的概念上来说，音乐不只是声音、音符、乐谱或演奏，它不仅是作曲家、表演者个性化的叙述，而更是一种文化、历史和社会的表达。音乐的意义包含了声音本身，以及创造音乐和传递音符的人，而且也无疑需要包括接受音乐、理解音乐的受众。因为音乐对于所有这些创造者、演绎者、参与接受者是发生意义的，对特定社会和历史是有特定价值的。无论时隔境迁的程度有多大，对于某种音乐的理解，永远无法离开这样的文化大语境。只有建立这样的音乐认知，我们才能明白音乐作用的完整意义。换言之，要建构这样一种完整的音乐认知，仅仅只有声音的音乐史研究是不够的，或者说是不完整的。例如，巴赫、贝多芬的音乐之伟大是永恒的，但是对于它们的理解能脱离巴洛克、古典时期的德奥社会与文化语境吗？无疑是不能。同样，聂耳、冼星海的作品是中国革命音乐家的典范。当中华人民共和国《国歌》和《黄河大合唱》的震撼之声响起的时候，我们能脱离它们的社会和文化语境吗？无疑同样是不能。而且，不像当我们聆听巴赫、贝多芬的作品之际，感悟的更多的是一种宗教的、英雄的、哲理的或抽象的，而《国歌》和《黄河大合唱》之声所唤起的是一种实实在在、似如还在眼前的、对于中华民族的存亡、对于每一位中国人都命运相关的那种的场景：

> 起来！不愿做奴隶的人们！把我们的血肉筑成我们新的长城！中华民族到了最危险的时候，每个人被迫着发出最后的吼声。起来！起来！起来！……
>
> 风在吼，马在叫，黄河在咆哮，黄河在咆哮……

这种场景是具有活生生的画面和视觉冲击与心灵震撼的，因为音乐带给我们不只是聆听，而直接唤起了可视性的思考。与听觉和阅读一起，视觉成为不可或缺的部分建构起完整的"音乐"研究维度。

我们从《〈良友〉画报图说乐·人·事》和《〈北洋画报〉图说乐·人·事》可以领略到不少这些"不只是聆听，而直接唤起了可视性的思考"的非常生动且珍贵的场景：

以上左图是一个少年乐队组合，中图是北平各校小学生庆祝新年元旦游艺的舞蹈表演，右图是农村儿童集合唱歌。此类的场景非常多，它们充分反映了当时儿童音乐教育与活动的普及，对于音乐启蒙和美育教育产生了深刻的影响。

《北洋画报》中有关音乐教育的图片甚多，包括幼儿园、小学、中学的音乐活动的报道和传播。图片显示孩子们轻歌曼舞的神彩和活泼跳荡神情，凸显出新一代青少年的精神面貌，特别是女性学生参与音乐活动的照片数量之多，令我们惊叹。也因此，我们可以由此想听聂耳的歌曲《新的女性》"新的女性勇敢向前冲"响彻各地。《北洋画报》中显示了大量名校的女性音乐活动场景，如天津南开女中、天津圣功女中、天津南开中学、北京慕贞女中、上海惠群女学、天津中西女校、沈阳同泽女子中学、青岛两级女中、唐山淑德女中等。同时，张静蔚先生在《〈北洋画报〉图说乐·人·事》中专门将高等学校的音乐教育活动列为一辑，其中一类是从事专业音乐的，如北京大学女子文理学院音乐系、天津市立音乐体育传习所、北京艺专音乐系、金陵女子大学音乐系、上海美专音乐系等。这些学校培养的学生将从事音乐表演或作曲、音乐理论等工作；另一类是师范院校的音乐系，主要培养各级的音乐教师，如北京师大、河北女师音乐系、通州女子第六师范音乐科等。这些图片具有较高的史料价值，它们的音乐实践为后来我国音乐的发展起到历史的作用。

此图是广东北江船夫号子（一组近10幅图片）描绘了船夫拉纤演唱号子的场景，其中四幅图片是为歌曲《嘉陵江上》的配图，也即"川江号子"。

张静蔚先生在书稿中提及，"九一八"以后，《良友》并未发表多少音乐图片。但是，随着救亡运动浪潮的高涨，《良友》的态度有明显的转变，发表了不少这方面内容的有价值的图片。我们看到有很多音乐家出现在《良友》上，如聂耳、冼星海等。此外更多的是人民群众在抗日战争中，满怀激情地高唱爱国歌曲的情景，如1935年北京太和殿的大合唱，1940年重庆的千人大合唱等。这些确是伟大的历史记录。例如：1）北平大中学生联合组织之歌咏团，1935年5月在太和殿开始第一次合唱。全团共男女六百人，其伟大为中国以前所未有。演奏会之日，听众人如山海，为北京最近之盛事。（1935年第106期）总指挥范天祥在指挥（1935年第106期）。2）"起来，不愿做奴隶的人们！"——孩子们的演唱（1939年第143期）。3）《山城的怒吼》：精神总动员1939年二周年纪念日，重庆市由教育部发动，举行千人合唱大会，选定11首名曲、军乐合奏二曲。陈部长亲亲撰《胜利年颂》和《苦斗》二歌词，由音乐家金律声、李抱忱配制军乐伴奏。举行地点为夫子池新运模范区广场。演奏时由中央广播电台直播，在各要衢扩大播音，歌声嘹亮、响遏行云，全市市民皆能收听。如以下左图所示，此诚中国音乐界空前之盛举。右图为贺绿汀为民众教唱抗战歌曲。

《北洋画报》中刊载了非常多的音乐歌舞的宣传报道，特别对于黎锦晖的"明月歌舞团"这个我国近代组建最早的专业歌舞演出团体进行了专辑报道（《介绍明月歌舞团》1930年第474期）。黎锦晖及其明月歌舞团"不在其歌之艳，舞之美，而在此种艺术教育之团体，为不多得也"。更为可贵的是，《北洋画报》刊载了不少民族音乐的图片，主要集中在传统戏曲和曲艺，这些大量舞台演出图片和新闻报道及评论反映了传统艺术在20世纪30年代的演出盛况。

上述只是列举了《〈良友〉画报图说乐·人·事》和《〈北洋画报〉图说乐·人·事》中很少的内容。然而，这些内容是我们在众多的中国近现代音乐史著作和教材中不曾见到过的。它们打开我们的视野，开启了我们聆想它们的功能和价值的场域。在此，我将之前张静蔚先生信函中省略的文字引述如下：

（我有个新的想法。）先说说《北画》，这是与《良友》风格完全不同的画报。怕你没有时间了解，简介一下《北画》：《北洋画报》于1926年7月7日在天津创刊，是一家独资经营的刊物，当时曾得到奉系军阀的资助。该刊由冯武越、谭北林所办，吴秋尘主编，至抗日战争爆发后停刊，先后出版了1587期（每期4页），并于1927年7月至9月间另出版副刊20期。该刊初为周刊，继改为三日刊，最后为隔日刊，该刊于1937年7月29日停止出版。该刊内容包括时事政事、文教、体育、戏剧、电影、书画艺术及中外史地知识、风景民俗、考古文物等方面的各种社会活动、重要事件和人物。还有各种专刊。近几年有不少研究《北画》的论文。从民族音乐学的角度看，关于城市文化的调查，该刊更值得全面研究。如果说《良友》偏"雅"，而《北画》则偏"俗"。这个"俗"不是"低俗，庸俗"，恰是市民文化的"通俗、民俗"。例如对戏曲、说唱的大量内容，就很难在其他刊物看到。仅反映戏曲的专刊，就出了422期，可以说是反映了近代戏曲发展的重要史料。

我曾想，如果把这422期专刊全搞下来，就是一篇很好的论文；每期选一张图片，就422张，也够一本书了；但何止一张。我在选这部分（民族音乐）时，就感到非常难。就音乐来说，与《良友》所反映的也完全不同。如对"明月歌舞团"，在《良友》上反映的就很少，而在《北画》上就非常充分，单专页就三个整版，还发表了黎锦晖的像。还有短论二十多篇。这在《良友》上是不可能的，等等。如果看不到图片的史料意义和学术价值，那我就白白浪费了太多的时间。如果我们不给后人留下点历史，我们史学工作就没有什么意义和担当了。

让音乐史不但可以读、可以听，又可以观。岂非乐事！

"让音乐史不但可以读、可以听，又可以观"正是张静蔚先生从《良友》《北洋画报》中辛劳地辑录与当时的历史、社会和生活相关的音乐图像的目的，他以最为简单和质朴的语言道出了以音乐图像学的视角来"重写音乐史"的价值所在！张静蔚先生及其《〈良友〉画报图说乐·人·事》和《〈北洋画报〉图说乐·人·事》引领着我们开启这一新领域的先河！

结　语

音乐的声音文化不只是体现在录音、唱片、记谱、演奏、歌唱、作曲、乐器或相关文字记载等传统学术研究对象的形式中，而且它也表现在记录、描绘音乐场景的视觉表现形式里。视觉形式的音乐内容提供了宽广的想象空间，在这个空间里，我们的视觉感官与听觉感官同时发挥着作用。视觉艺术所提供的音乐事像的直观和具象型态——人物肖像、乐器画像、表演场所描绘，特别是对于音乐活动的生动活态行为方式的记录，以不同于音乐文字、音符符号、乐谱分析或甚至音乐声音的方式来认识、理解或解释那些已经消逝的音乐文化的现场。而且，通过这些图像也反映了绘制者及其所处社会传统对于所描绘的音乐对象的文化态度和立场。它提供了一个更为广泛、丰富的音乐历史文化的聆想场域。

虽然音乐图像的真实性、可靠性是需要谨慎对待的问题，但当以图像的音乐内容可被证实为前提——特别是像《良友》《北洋画报》这类主要刊登实景照片的音乐活动场景的图像，研究者也具备了音乐图像学者基本素质——较强的历史学功底、基本的视觉艺术的能力、宽泛的人文知识、敏锐的问题意识以及客观的批判精神，那么音乐图像学所提供的"可视性声音文化维度及其意义"，则体现了其在音乐学研究中的独特性与不可替代性。

前　言

　　《良友》画报是中华人民共和国成立前办刊时间最长的画报，创办于1926年，直到1945年才终刊。它既非单纯的画报，也非纯文艺刊物，但兼具画报与文艺杂志之长，特别是在文学、电影、美术等方面，拥有不同层次与更大范围的读者。这样亦图亦文尤其彩色图片印制极其精美的杂志，当时不仅在中国，就是在国际上也很先进。音乐图片在《良友》中，确也有一些，这也是为了扩大《良友》的读者群。

　　《良友》的创始者伍联德可谓是一位创新大师。他只编了5期，就交给了别人，自己办起了良友图书出版公司，出版各类图书和丛书。1934年他说服了萧友梅、黄自、易韦斋，办起了音乐艺文社，出版《音乐杂志》，3个月一期。但由于古典音乐受众面小，销路不济，只办了一年就停刊了。这就是我们现在看到的只有4期的《音乐杂志》。这个刊物上也有一些精美的图片。

　　《良友》的第三任主编梁得所是一位音乐爱好者，他译配了很多外国歌曲在《良友》上发表，并出版过歌集，还编辑、出版过一本《音乐词典》。接任梁得所的是马国亮，他也是音乐爱好者，出版过小说、剧本、散文集等。更有意思的是，他成为马思聪家的女婿。有这样的音乐爱好者任主编，刊登音乐图片是理所当然的了。

　　我之接触《良友》是在孩提时代，大人为我们讲那些图片，尤其是那些封面上描眉抹红的"大美人"。中华人民共和国以后也就看不到它了。25年前（1981年），我又接触了《良友》，是因为我写马思聪的论文。为了找马思聪的材料，我写信给马思聪的大哥马思奇先生。那时马思聪尚未"平反"，马思奇先生已经快80岁了。很快他回信告诉我：在《良友》画报上，有马思聪的一篇《童年追想曲》的文章和图片。我迅即到柏林寺的"北图"找到《良友》，并请音乐研究所的摄影人员把有关的内容拍了下来。同时顺便把前后的几本《良友》翻了一翻，并未觉得有什么需要的材料。前两年，我因为搜集一些近代音乐史的图片，加之当时出版界和文学界出版了一些有关《良友》的书籍，我突然想到《良友》上或许有这方面的东西。这是我第三次接触《良友》。

我利用两个假期，慢慢仔细寻觅并饶有兴趣地品味它，连犄角旮旯的音乐图片都搜罗殆尽。当然，也不敢说毫无遗漏。其中有的图片很有历史价值，有的也很一般。可贵的是这些图片是当时以上海滩的视角俯视音乐的各个方面，殊为难能可贵。

在《良友》的音乐图片中，有新闻、报道、记录和音乐家，也有一些商业化的照片——这也反映了音乐在市民中的影响。随着救亡运动和抗日战争的爆发，在《良友》中也发表了不少这方面的图片，有的是相当感人的。此外，在《良友》中还发表不少音乐作品和音乐文章。总之，这都是有关音乐方面的记录。今年是《良友》创刊80周年，把这些图片集中起来，以纪念它在文艺方面的贡献，同时挖掘一点《良友》在音乐方面的"剩余价值"，也还是有意义的。

我的编选工作的主旨，就是编而不选，不自作聪明地妄加轩轾，随意删减，而是尽量求其全备。这样做的好处，也许就在于较多地保存历史真实，并可以免去读者的翻检之劳。这些图片看起来很有意味，而且说不定某位音乐史学家正好需要某幅图片或某个作品，那真幸甚、幸甚了！

本书根据在《良友》搜集到的近300幅图片，分为8个部分，又分别在每个部分作了简单的说明，便于读者翻阅。

张静蔚

2006年4月

第一辑
音乐教育

中国近代音乐是从音乐教育开始的，确切地说是从中、小、幼的学堂歌曲开始，进而师范音乐，进而专业音乐教育，成长起来的。但是早期的音乐教育是以学堂里的唱歌为主，旁及新的乐理知识等。那时（主要是"五四"以前）留下的图片不多，大量的是一些音乐家的图片，如沈心工、曾志忞、李叔同等，像曾志忞的"贫儿院管弦乐队"的图片，是极为难得的。"五四"以后的音乐教育在各层次上均有长足的进步，但反映在图片上，依然少见。《良友》上发表的一些，如"学生与音乐"专栏等，或可弥补这方面的不足，有些图片具有珍贵的历史价值。

　　此外要说明的是，凡是与学校有关的内容（包括国外的），均在这一栏目内；有的图片的说明，经过了编者的"重写"。

▲ 北京第一蒙养院的小学生歌舞。

▲ 北京女子学院附中成立十周年演出之《葡萄仙子》。

▲ 苏州景海学校幼儿园小朋友的化装歌舞

▲ 苏州景海学校幼儿园小朋友的歌舞

苏州景海学校即苏州景海女子师范学校,原为美国基督教监理公会女传教士海淑德于光绪二十八年(1902年),在苏州天赐庄创办的景海女塾,民国6年(即1917年)改为景海女子师范学校,专门培养幼儿园教师,还附设幼儿园。海淑德是美国基督教监理会派往中国的第一位女传教士,献身中国女子教育17年。为纪念海淑德,学校取名意为景仰海淑德,故名景海。当年景海女塾坐落在天赐庄,那里有"东吴大学多才子,景海女师多佳人"的美称,景海女塾也是培养淑女的学堂。景海女塾第一任校长由美国监理会传教士贝厚德出任,在课程安排上中西并用,设国文、英文、算学、理化等科目,并有钢琴科、体操科。因学费昂贵,只有中产阶级以上家庭才能将自己的女儿送入景海学习。

*   *   *

1900年,庚子之乱期间,美南浸信会的华中差会(在江苏传教)和美北浸礼会的华东差会(在浙江传教)成员都来到上海避难。期间他们达成了共识,决定在上海联合创办一所高等学校。1906年,首先在北四川路北端开办了浸会神学院。1911年二部分合并组建上海浸会大学。校址选定在沪东军工路,建成一所黄浦江畔的绿茵遍地、风景幽雅的美丽校园。1914年中文校名

▲ 沪江大学合唱团。后排左一带 X 号为赵梅伯。

▲ 坤范女子中学学生表演古典舞。

定为沪江大学。1917年由美国弗吉尼亚州颁发学位。1928年，沪江大学聘用第一位华人校长刘湛恩。1929年，沪江大学向中国政府立案，英文校名也改为 University of Shanghai。1932年，沪江购进上海公共租界中区圆明园路真光大楼的2楼，将商学院迁到那里。1937年淞沪会战爆发，沪江大学避入租界内的商学院。1938年4月7日，刘湛恩校长被日本人刺杀，樊正康接任校长。

1929年3月，沪江大学（上海）增设音乐系及音乐师范科，初建时音乐系有学生6人，音乐师范科有学生3人及音乐教师7人。沪江大学的音乐气氛在上海各高校中深负名望，该校每月有一二次音乐会，并常邀请音乐名家到校演唱。它的合唱团在当时是非常有名的。

1951年2月，中华人民共和国政府从教会手中接管沪江大学。

學家聯
生庭歡
會

澳門培智幼稚園舉行學生家庭聯歡會中之一幕……茶警中：

話會左：戲劇「慈母孝子」之劇中人右：歌劇「愛家人」之演者

（澳門啓昌行攝）

Above, tea party for the Pu Chi Kindergarden of Macao. Left and right Characters in a play given by the pupils

▲ 澳门一个幼儿园的学生和家长的联欢会

▲ 冯承永会女士在北平中山公园新年联欢会中表演跳舞之姿态。

▲ 12岁的小学生杨熙章从师学小提琴。

▲ 钢琴边的两姐妹

Miss Yeh S. Jen on her piano

▲ 萧淑贞

▲ 萧淑芳

　　此二人是否与萧友梅有关，有待查考。

▲ 中华女子体育学校表演的歌舞，以木屐和面盆等为乐器。

▲ 中华女子体育学校表演的歌舞。

▲ 戴美莲、俞筱钧表演《公子梦》。

▲ 俞筱钧8岁，善歌舞表演。

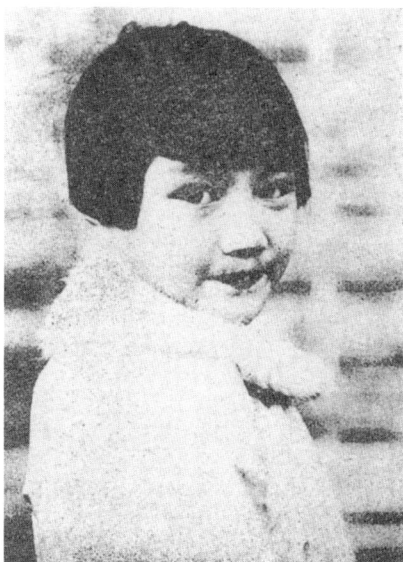

▲ 戴美莲7岁，善歌舞表演。

▲ 北京女子学院音乐系毕业生之小提琴队。右起：李洪宜、汪颐年、潘君璧、上官绍瑾、郑昭岱。其中汪颐年是黄自的夫人，是20世纪20年代末国乐改进社的发起人之一。

▲ 北京女子学院音乐系毕业生之琵琶队。右起：曹安和、李淑清、杨小莲、王同华、周宜、张莘华、潘君方。其中的曹安和（1905-2004）为崇明派琵琶演奏家，传统音乐研究家。

▲ 北京女子大学音乐系学生化装舞蹈。

▲ 北京女子大学音乐系毕业生
费丽斯。

　　以上四图均以北平女子大学为内容，其前身为北平高等女子师范音乐系。1928年8月经过院系调整后，改为国立北平大学女子文理学院，10月成立音乐系，杨仲子任系主任，主张中西并重。1929年成立了琵琶队、南胡队、丝竹合奏队等。该系经常举办音乐会，其演出活动誉满当时京城音乐界。同时还到各地演出，颇受欢迎。当时的《世界日报》《大公报》《益世报》均有大篇幅的报道。1930年代对活跃北京的音乐生活起到很大的作用。1934年起，院长为鲁迅的挚友许寿裳。

▲ 一群活泼可爱的幼稚生在美妙的琴声中歌唱游戏。这些无知的幼童,已忘记他们在难民所中了。

▲ 上海王瑞娴音乐馆儿童班。该馆教导注重基础,儿童演奏成绩甚佳。

　　王瑞娴(1893—1971) 钢琴家。早年留学美国新英格兰音乐学院。回国后任上海音乐学院教授,后被上音解聘。同时开办王瑞娴音乐馆儿童班,发表很多儿童音乐作品。1947年移居美国,任新英格兰音乐学院教授。她的丈夫是董任坚,留美的教育家,与胡适、徐志摩等一起在美国留学。她的女儿即钢琴家董光光,女婿是小提琴家马思宏。

▲ 海防时习学校学生何瑞莲、秀莲姐妹勤习提琴。

▲ 14岁的邝文英,考得伦敦三一音乐院优等奖。

▲ 革命先进王和顺的第七女儿王懿真,10岁,习小提琴甚有天赋。

▲ 唱歌班上课情形。

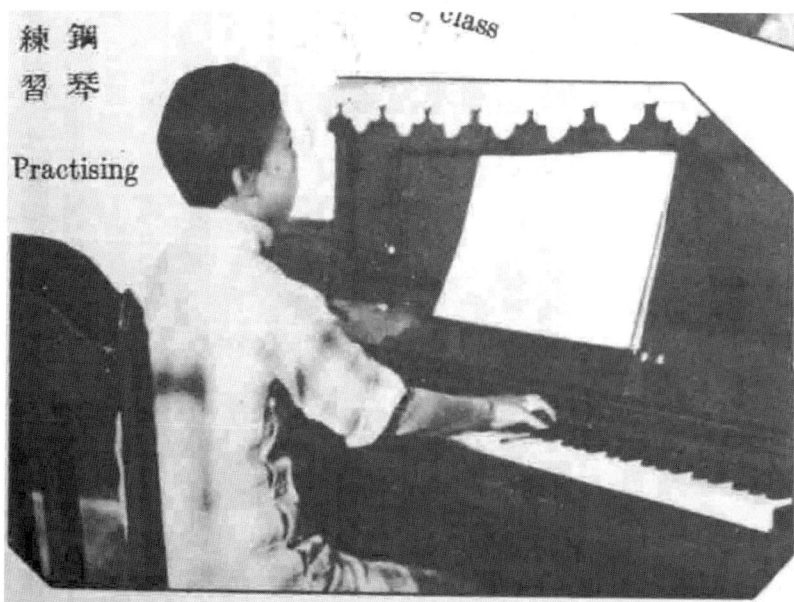

▲ 一位女孩练习钢琴。

▲ 学生小乐队。

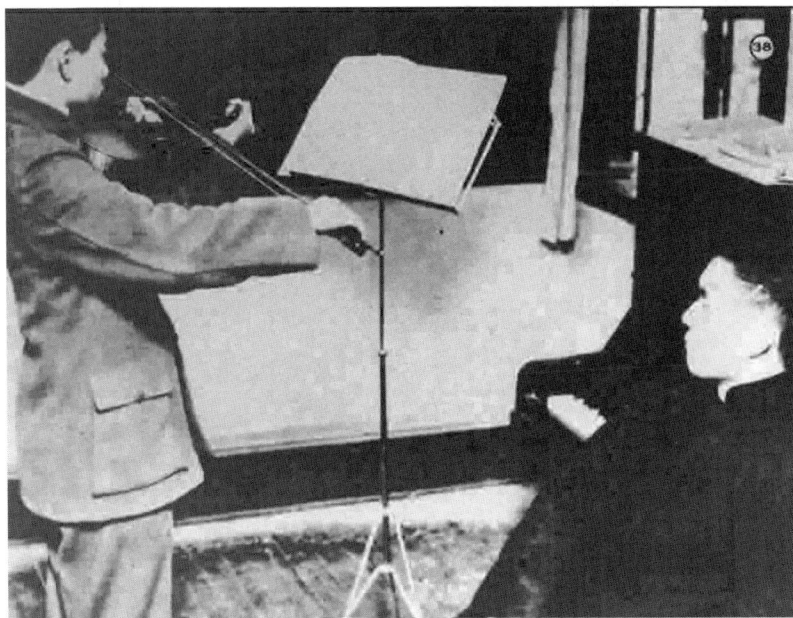

▲ 音乐系马思聪教授在上小提琴个别课。

▲ 音乐系为提拔天才，在实验附小附设儿童提琴训练班。

▲ 音乐系史勃曼女士在指导钢琴个别课。

以上三图为南京中央大学音乐系的老照片，该校即现在的南京师范大学音乐学院。其中两幅为马思聪上课的情景。徐悲鸿、唐学咏、陈洪等都曾任该系系主任。

▲ 1935年新落成的上音校舍。

▲ 延安边区小学由一儿童领导唱歌班。

1939 年 11 月号《良友》发表了专题《延安的文化活动》。这是其中的宝贵的一幅,图为唱歌班由一儿童领导。延安实行小先生制,所有边区小学,均由学生自任教师。

▲ 农村儿童集合唱歌。

▲ 爱国女学六周年纪念会之歌舞表演。

　　1902 年,上海南洋公学部分学生抗议校方压制自由思想,愤而退学。11月 21 日,中国教育会决定建立爱国学社,以帮助这些学生继续接受教育。校址设于泥城桥福源里,蔡元培任学校总理,吴敬恒为学监,黄炎培、章太炎等人义务执教。此后又设立爱国女学,接受女学生接受教育,为中国首座近代女校。1903 年 6 月,《苏报》案发,爱国学社亦受牵连,被迫解散。爱国女学则继续存在到 1908 年。

▲ 小学生表演儿童歌舞剧《努力》。

▲ 少年弦乐组合。

▲ 纽约之儿童弦乐队，由22个月至7岁儿童组成。

▲ 广州私立明心瞽目学校

1889年，博济医院美籍女医师马西，在医院内收养了瞽目幼女四个，送入医院附设的女塾读书。1892年，人数增加，于是在仁济街租赁房舍，设立瞽目女塾，聘巴陵会育婴院一瞽女任教员，教授凸字盲文、音乐、编识等科。1912年，在芳村建筑校舍，学校规模扩大，乃设立校董会负责办理瞽目学校，命名为私立明心瞽目学校，呈请立案。得到广州市教育局的支持，准予立案，并拨付经常费，以资补助。

初办时只招收女童，后兼招男孩。使失明的儿童，有入学机会，且亦学到专技，颇得社会称许。广州沦陷期间，仍由教会继续办理。抗日战争胜利后，增办初中。直至解放前不久才停办。

据不完全的材料统计，从1908—1934年，共毕业了学生114人，在校学生有101人。毕业生中，任小学教员的八人，任瞽目学校教员的16人，医务工作者2人，手工艺者23人，传道士16人。

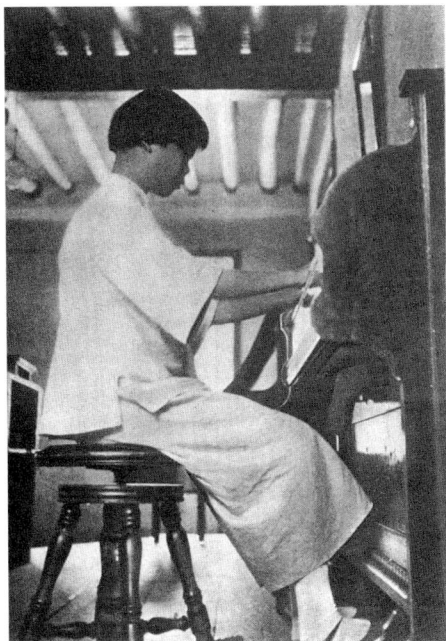

瞽目学生于音乐兴趣最深,其
学习亦易进步。其中能默记乐谱数
百首者比比皆是。图为一学生在琴
上练习之情形。

▲ 广州私立明心瞽目学校之二

一盲童学生自用刀、锯等工具,
扎成扫把,成緻异常优美而坚实耐
用,如市场上所购者。

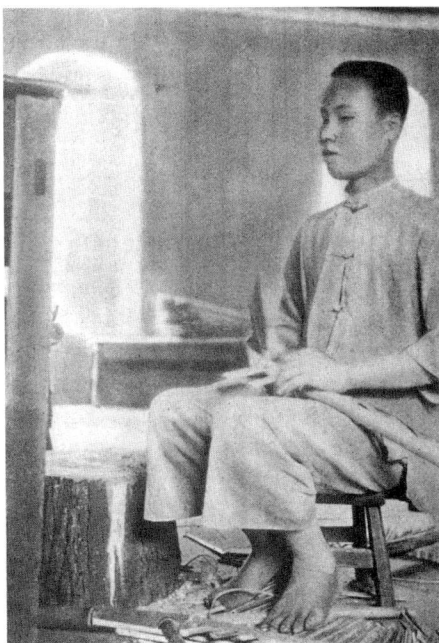

▲ 广州私立明心瞽目学校之三

良友画报

图说乐·人·事

第二辑
民族音乐

这部分图片保存了1930年代我国少数民族的一些民俗和民间音乐的实况。其中有的是《良友》编辑实地拍摄的，如"喇嘛跳神""西安社火"等，还伴有详尽的文字说明；有的则是作为新闻记录刊发的。

▲ 喇嘛教大典礼中之奏乐者，所用号筒、股笛等乐器为别处所罕见。

▲ 喇嘛乐队

▲ 傈僳族芦笙乐手

▲ 苗族的吹管乐手

▲ 南昌关帝庙前的唢呐吹奏者

▲ 华侨舞狮鼓乐队

▲ 在大成殿前表演之羽舞，衣物悉采古制。

▲ 陕北鼓乐队

▲ 藏族跳锅庄舞

▲ 藏族妇女跳锅庄的姿势

▲ 大锅庄中的武士舞

▲ 跳锅庄时舞罢对饮即酣复舞，男女合欢，每至通宵达旦。

▶ 青海藏民的婚礼，男女参拜天地后，两家亲属联合举行"道喇"，即在庭院中大家围聚而歌，男女两方酬唱，且歌且饮，以歌调多且脆为荣。

▶ 普通的"道喇"为男女间的游戏，是年青人彼此追逐的际会。

　　以下四图为西安"社火"，陕西民俗每年农历二月二日，民间举办"药王会"，通常有高跷、芯子、旱船、舞狮、舞龙、秧歌等表演，称为"社火"。由成年的孩子扮演通俗戏剧故事，用竿棒支撑出游，甚见巧妙，亦民间娱乐之艺术。"社"，古指土地神，从古到今，社火都有祭祀、祝福之意。

▲ 西安社火

▲ 西安社火

▲ 西安社火

▲ 西安社火

故怪捉度在羅十師花是演所行寺塔青日月歷年，跳閱慕這
事的妖擒印漢八派大道的表，舉爾海在六六陸每神的熱一
The festival of this religious dance takes place in Chinghai on the sixth
day of the sixth moon every year. The theme of the dance is said to be
the story of the dance is led by a group of lamas with their amices.

寺爾塔海青

神 跳 嘛 喇

— 恒 沉 張 —

LAMA RELIGIOUS DANCE
IN CHINGHAI

▲ 喇嘛跳神。这一幕热闹的跳神，每年阴历六月六日在青海塔尔寺举行，所表演的
是莲花大师派十八罗汉在印度擒捉妖怪的故事。

消 灾 降 祥 的 舞 蹈

▲ "跳神"为青海喇嘛寺中一年一度的宗教仪式，典礼庄严、仪节隆重，相传创自莲花祖师，含有消灾降福及饯腊的神秘意义。其动作、步法有一定规例，为古代宗教跳舞之典型。

◀ 喇嘛穿着法衣,在殿前广场上吹起芒筒、唢呐,来作为这一幕跳神大典的前奏曲。

◀ 前奏曲完毕后坐在殿前的廊下的鼓钹队,又奏起音乐来了。当跳神的时候,都是按照这乐队的节奏的

◀ 跳神开始了,先走出一个笑口常开的大头和尚来,穿着前清的绣花的服饰,左右两手各拉着几个头陀,在场边坐了下来。

▶ 接着换上4个戴骷髅面具的小鬼，一手执着短棍，跟着鼓钹的节奏跳起舞来。

▶ 小鬼舞了一回，又换上4个牛头，手执木刀，在场上作旋风舞。

▶ 戴鹿头面具也跟着出场，先作跳跃舞蹈，跟着就在场中间安放着的一盘糌粑前跪下。

▲ 快乐的人生

　　藏族以歌舞及戏剧为唯一的娱乐。藏人称歌舞为跳锅庄，以胡琴伴奏称为跳弦子，其歌词多为青年男女相慕之句，质朴而意深，充分显示藏民温淳的风尚。至于戏剧由西藏流传而来，主持戏剧的为寺庙里的喇嘛。其内容不离宗教，但仍含有民间艺术的趣味。上图为藏民的篝火晚会。

▲ 纳西族歌舞

▲ 广东北江船夫号子：哼唷嘿，哼唷哈，咱们拼命用力拉，拉到岸头挣钱养活家。

◀船夫们在悬崖峭壁
中拉纤，稍有不慎即
有生命危险。

▶纤夫们脚蹬着泥
沙，手攀着乱石，与
逆流的江水搏斗。

▲ 船夫们在悬崖峭壁中拉纤，稍有不慎即有生命危险。

▲ 北江的险滩急流，木船在礁石间冲驶向下，惊险万状。

▲ 虽然通了铁路，可是还有船只航行。

以下三图，是为歌曲《嘉陵江上》的配图，也即"川江号子"。

▲ 船夫们划着船向前。

▲ 船上的纤夫

▲ 哼唷嘿，哼唷哈，咱们拼命用力拉，拉到岸头挣钱养活家。

◀ 藏戏

　　1937年的夏天我们正在横越一片数千里没有人烟的草原，由青海到西藏的途中。而战争已由卢沟桥蔓延到京沪，跟着班禅活佛在玉树圆寂，入藏的计划随之而夭折。因此作者转入川西北重游羌戎两部落……

　　藏戏起源于古代西藏高僧讨唐剧布，那时西藏境内鬼魅横行，生人苦不堪扰，讨唐剧布在鬼魅作祟的一天，率领徒弟表演向所未有的戏剧，情节动作都很有趣，鬼魅来参观后竟被吸引忘去与生人为难。这故事遗传下来，藏戏就成为一年一度的宗教规例。

　　藏戏多取故事神话为剧本，唐代文成公主嫁于藏王松赞干布的史实，亦即藏戏中重要的一部。其余如"董永董珠""扎钦国王"等多数以宗教思想为中心——凡是一个信仰佛法的人经过若干挫折终得善果。所以藏戏已无异为佛教最有力的宣传剧。

　　他们的舞台就在柳林中央一块平坦的草地上，张起四丈长的天幕，下面陈设几桌坐褥，正中供着开山祖师讨唐剧布的神像。旁边一个音乐台，

▲ 巴安藏人正在举行一年一度最热闹的藏戏，举行地点是在树林中央一块平坦的草地上，张起帐幕来作为临时的舞台，四周拥挤着观众，其情况为平时所罕有。

只有皮鼓和铜钹两种乐器。帐后的一座小庙就是演员化妆休息的后台。观众在场的周围搭起帐幕，环做圆形，即成临时的看台。

演员共二三十人，僧俗都有。出演时穿戏装，开花脸，或戴面具，上场后随鼓钹声动作。戏词重唱。对白极少，唱时有的即执剧本于手而诵读，且有帮腔，每至尾音处，在场之演员均同声合唱。表情为写实而兼象征，例如：一个化妆

▲ 帐幕下的乐手，乐器只有皮鼓和铜钹两种，任务为指导演员动作。

的女角仍能露出男子的本色。又折柳条为马，马奔跑时骑者即跨柳条满场飞跃。藏戏不分幕，剧情极长，一戏辄连唱一二日，自晨至晚不休息不中停。

45

此次共唱四齣，但已连绵至五日之久。

这五日中吸引观众约二三千人之多，青年男女都盛装来观剧，同时数十成群的举行打平伙——聚餐，在冷落的边塞，这确是一次空前的盛会。

▲ 三个扮猴子的演员，他们是《董永董珠》一剧中的配角。

▲ 《礼赞国王》中的一幕，剧情以宗教思想为中心。

▲ 演员们登场前，在化妆室中画花脸。

▲ 《唐文成公主嫁藏王松赞干布》一剧中，藏王在剧中之神情。

▲ 一个插科打诨的丑角，他披着一件花衣，戴着平板面具。

良友画报

图说乐·人·事

第三辑
歌舞、音乐表演

音乐歌舞表演在20世纪30年代的大都会，是非常热络的。尤其是当年黎锦晖创办明月歌舞团，还到过南洋诸国演出。它培养了我国第一代歌舞演员，也创作过较好的作品。但由于种种原因，并未充分地发展，一些著名的演员也多转行到电影。这方面的图片，在《良友》中也许并不充分，但也可略见一二。这当中也包括了国外的一些歌舞音乐图片。

▲ 黎明晖

▲ 歌舞家黎明晖

▲ 黎明晖表演《葡萄仙子》

　　黎明晖（1909—2003），中国早期影星。她的父亲是19世纪20年代著名作曲家、明月歌舞团的主办人黎锦晖。她在上海长大，自幼能歌善舞，儿时曾主演过歌剧《葡萄仙子》和《可怜的秋香》，非常轰动。

▲ 徐来（1909—1973）

出生于上海，原名小妹，又名洁凤，小时候家贫，13岁就进入闸北一家英商蛋厂打工。后来家境转好，她入学读书。在学校里，成绩一般，却喜欢上歌舞，她18岁时考入黎锦晖主办的中华歌舞专科学校。毕业后加入明月歌舞团，奔走于平津宁汉等大城市，曾随团到南洋一带演出，美貌与机灵吸引了许多观众。1933年，徐来在明星影业公司主演了影片《残春》，一炮走红。徐来于抗战前嫁给国民政府军委会中将参议唐生明。1940年，她和女助手张素贞（军统女特务）随同被秘密派往南京打入汪伪政权卧底并收集情报的丈夫常住在南京和上海。她丈夫幸运地等到了平反的那一天，1987年去世。

▲ 徐来

少年中华歌
舞团往南洋
去
唱
你爱我妹妹　毛毛雨

一之员团该为士女来徐
Miss Zu Lai, one of the brilliant
stars of Chunghwa Dancing Trope

▲ 徐来

▲ 徐来

▲ 中华少年歌舞团全体演员在南洋

▲ 王人美

▲ 联华歌舞团小演员

▲ 拍摄有声影片之联华歌舞团小演员

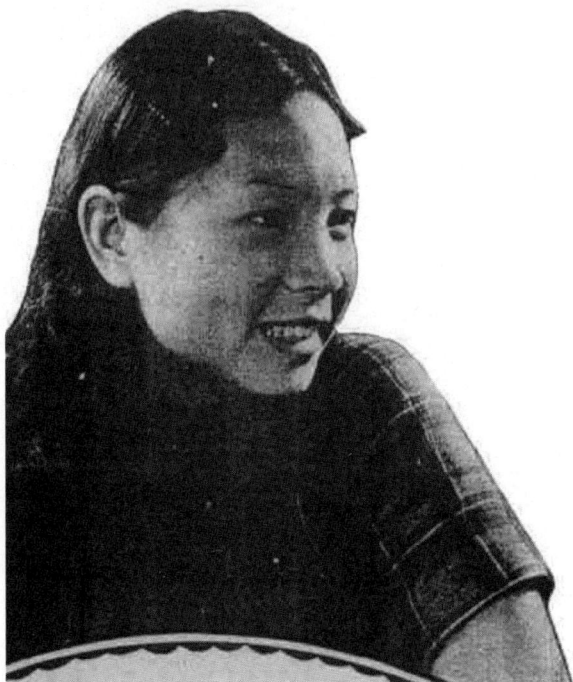

▲ 王人美

　　王人美（1909—1973）湖南浏阳人，生于长沙。1926年考入省立第一女子师范学校。1927年，王人美到黎锦晖创办的上海美美女校学习歌舞。黎锦晖亲自为她改名为王人美，将这女孩列入王家的"人"字辈，是要破一破女性不入家族辈分的旧习。在美美女校，王人美就跟着黎锦晖学习歌舞，王人美果然没辜负期望，成为上海著名的歌舞明星。同年王人美到上海加入中华歌舞团。1931年加入联华影业公司为电影演员，明月歌舞剧社改组为联华歌舞班的当年，王人美在孙瑜编导的《野玫瑰》中饰主角。该片公映，王人美一举成为明星。1935年入电通影片公司。所主演的《渔光曲》于1935年在苏联第一届国际电影节上获荣誉奖。1950年从香港回上海，在北京电影制片厂相继拍摄《两家春》、《青春之歌》等影片。1977年加入中国共产党。任全国政协委员、中国电影家协会名誉理事。著有《我的成名与不幸》等。

▶王人美与薛玲仙

▶王人美

▲ 银月歌舞班冯凤之草裙舞。

▲ 歌舞家蔡致和女士。

▲ 新兴歌舞班冷燕社社员表演之《玉兔舞》，左下为冷燕社表演之《双人舞》。

▲ 冷燕社歌舞班演员

▲ 国产歌舞片《人间仙子》之一幕。

▲ 歌舞影片《人间仙子》中之一幕。

▶ 艺华歌舞班袁美云在
《人间仙子》中表演。

以下六图为陈歌辛创作的新舞剧《罂粟花》,详见本书"音乐作品"中陈歌辛的文章《罂粟花——曲注》。

▲ 新舞剧《罂粟花》

▲ 新舞剧《罂粟花》

▲ 新舞剧《罂粟花》

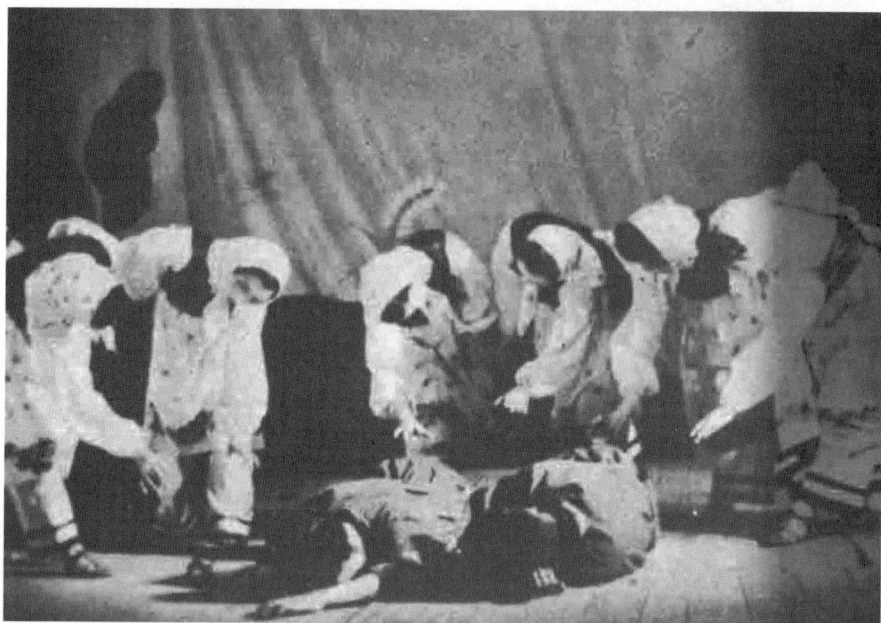

▲ 新舞剧《罂粟花》

▲ 新舞剧《罂粟花》

▲ 新舞剧《罂粟花》

▲ 宝冢在大阪与神户之间，因有少女歌剧而闻名。该图为该剧团演出的歌剧《巴黎公子》《百花争艳》等的剧照。

▲ 日本侨民新年音乐会之小合唱。

▲ 日本侨民新年音乐会之管弦乐合奏。

▲ 苏联舞剧《红罂粟花》

以摄製歌舞影片擅长之喜临纳公司，題新出品「花月争辉」之一幕，演出歌舞場面之宏麗，可謂極盡巧妙之至。

新華賽華三四聯誼提賀
无博賽社区招聚最大的奇舞
象國家的一一聯舞大壯衝的征
的。眼家舞不家，最我健浜辅有商上算美的音曲欣賞，使欣賞

▲ 《花月争辉》之一幕，以人体躺在舞台上，构成六角图形，表演歌舞。

▲ 上海工物局女子中学表演歌剧《雪儿飞霞》。

67

◀ 美国滑稽歌舞中之罗克舞，
以巨型罗克之面容，戴在几个
女演员的头上，颇有噱意。

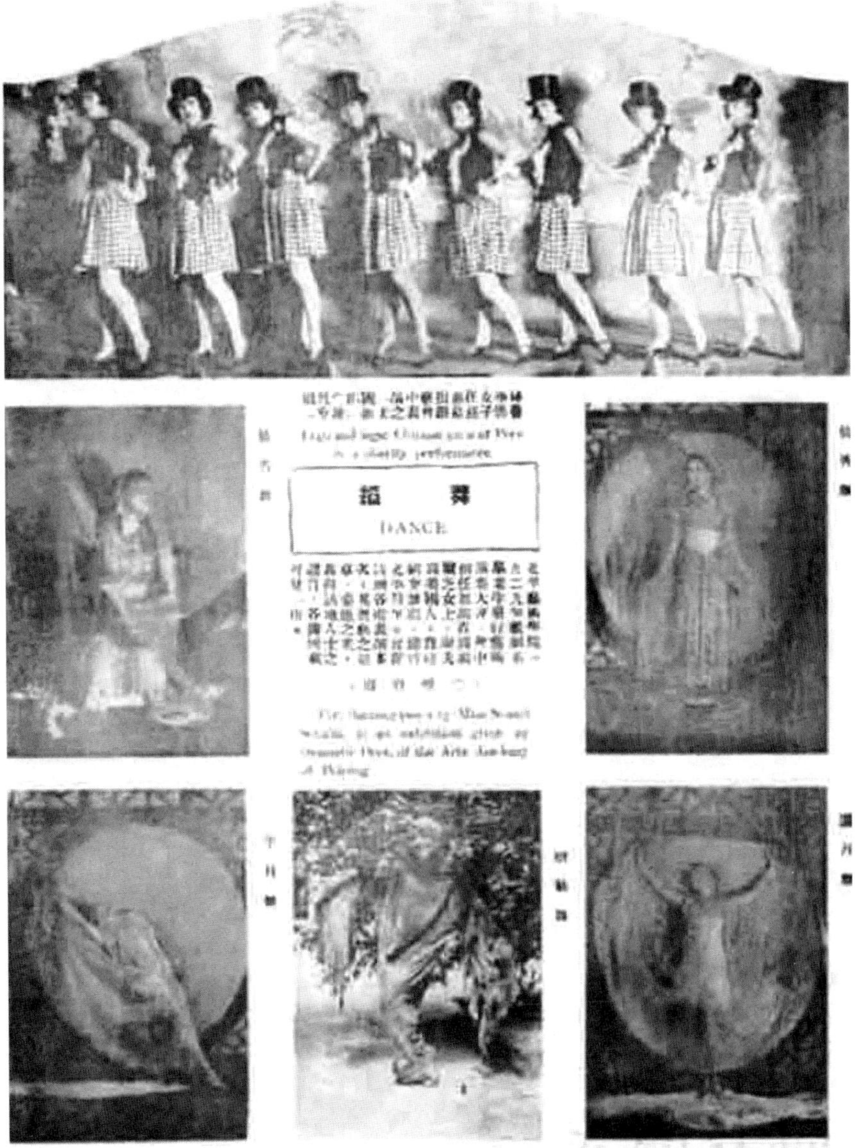

▲ 上图：秘鲁华侨女子在慈善募捐游艺会中演出美国舞蹈。下五幅：美国人谢尔芝女士在北京艺术学院1929年毕业生演奏大会表演舞蹈。

良友画报

图说乐·人·事

第四辑
抗日歌声

"九一八"以后,《良友》并未发表多少音乐图片。但是,随着救亡运动浪潮的高涨,《良友》的态度有明显的转变,发表了不少这方面内容的有价值的图片。我们看到有很多音乐家出现在《良友》上,如聂耳、冼星海等。此外更多的是人民群众在抗日战争中满怀激情地高唱爱国歌曲的情景,如1935年北京太和殿的大合唱、1940年重庆的千人大合唱等。这些确是伟大的历史记录。

　　1935年5月12日，北京的几所名校联合合唱队，在故宫太和殿举办"北平市大中学联合歌咏团露天音乐会"，引吭高歌了传统歌曲和爱国歌曲，对抗日救亡歌咏运动产生积极影响。音乐会印发了5000份节目单，到场观众有两千五百余人。参加的有燕京大学、清华大学、育英女中、贝满女中等校600人，引起社会极大关注。据记载，音乐会开始时先由大会主席蔡元培致开幕词，意即希望将来音乐能推及民间，鼓荡民族精神，之后开始演唱。在这次歌咏大会上共演唱了八首中国歌曲和一首欧洲歌曲。全体合唱党歌、《天下为公》《中华先圣》《渔翁乐》和《锄头歌》，慕贞与汇文歌咏团演唱《五月光阴》与《春日景》，燕大歌咏团与清华歌咏团联合演唱英国古代情歌《在安静的夜晚》，最后全体合唱《维我中华》。

　　燕大歌咏团是20世纪30年代最活跃的歌咏团之一，曾组织100人的歌咏团到天津演出《弥赛亚》等合唱节目。《北洋画报》曾发表文章《燕大歌咏团来津演奏记》（1935–1211）虽然未介绍该团的情况，但其活跃程度可见一斑。

▲ 北平大中学生联合组织之歌咏团，1935年5月在太和殿开始第一次合唱。全团共男女600人，其伟大为中国前所未有。演奏会之日，听众人如山海，为北京最近之盛事。

范天祥(Bliss Mitchell Wiant， 1895.2.1—1975.10.1 ），生于美国俄亥俄州道尔顿的卫理公会家庭。1914年入俄亥俄韦斯利大学的威登堡学院就读。当时第一次世界大战刚发生，范天祥被征入伍，在美国海军服役，所以等到1920年才大学毕业，获文学士学位。大学期间，范氏天祥早已有志往中国当传教士。

1922年秋范天祥与他的同班同学阿尔枝结婚。婚后次年这两位新婚夫妇便启程往中国北平，在创校不久的燕京大学任教职。当时燕大校长是司徒雷登博士。他当然十分高兴能得着这两位年青有为的夫妇帮他在燕大创设音乐系，并担任系主任。1925年在中国国父孙中山先生的丧礼中，这位初到中国的青年宣教士被邀请担任风琴师。1927年秋，一群燕京大学喜欢唱歌的学生要求范天祥教他们唱些西方最好的合唱曲，因此组成了燕大合唱团。抗日战争爆发后，回美国进修和度假。1947–1951年，抗战胜利后，范天祥与家人于1947年10月回到他们所深爱的中国，再次主持阔别了五年的燕大音乐系。

1951年4月21日离开北京。其间曾在香港等地就职。1965年返美，1975年10月1日范天祥博士逝世，享年八十岁。

▲ 合唱团在演唱

▲ 总指挥范天祥在指挥。

▲ "起来，不愿做奴隶的人们！"——孩子们的演唱。

▲ 把抗战的歌声传播到老百姓中去。

These songbirds sing the patriotic songs for the masses

◀ 希望之神在天空中指挥着她们歌唱，要她们唱遍大地，坚信抗战必胜的信念。

Mass singing after

◀ 每天早操后，小学生在广场上齐唱爱国歌。

▲教儿童歌唱各种爱国歌曲，激发爱国、爱同胞之思想。

▲湖北教师暑期训练班自动义务教育学生，对村童教授唱歌、游戏之情形。

▲为山中民众演出抗战歌曲。

▲学生歌咏队练习抗日救亡歌曲。

◀ 新安儿童旅行团在
桂林

◀ 云阳西北青年战事
短期训练班学生齐唱
救亡歌曲。

▲ 广西女学生军徒步开赴前线，途中休息时高唱救亡歌曲。

▲ 练习中之歌曲训练班。

▲ 中国电影制片厂合唱团元旦在重庆举行露天音乐大会。

▲ 抗战的歌声在充满伤兵的医院里。

◀ 中国战时儿童保育会香港分会儿童保育院在教孩子唱歌游戏。

◀ 新四军教导队员组织的女子救亡歌咏小组。

▲ 七七托儿所的孩子们，唱歌游戏，让他们暂时忘却战争的苦难。

▲ 宗教日教友齐唱祈祷和平之章。抗日将领冯玉祥亲临大会，演说日本侵略我国暴行。

▲ 宗教日基督教徒为祖国军队歌颂。

▲ 新加坡华侨一向关怀祖国，图为华侨基督教联合会发起，举行赈灾音乐会，将收入所得悉数汇返祖国，以为救济伤兵及难民用。

▲ 西北剧社慰问抗日将士。

▲ 侨美华人在刘良模领导下组织合唱队，向全美广播《义勇军进行曲》。

▲ 侨美华人合唱团之女声合唱队在广播。

以上二图为刘良模在美国广播的照片。

刘良模（1909—1988） 浙江镇海（今宁波）人。1932年毕业于沪江大学社会学系。1934年冬天，在上海四川路基督教青年会会所发起成立了第一个民众歌咏会，教唱抗日救亡歌曲。1935年春，八仙桥青年会成立民众歌咏分会，参加者近千人。1936年1月28日，淞沪抗战四周年纪念日当天，上海各界救国联合会正式成立，刘良模和歌咏团成员在成立大会上领唱了《义勇军进行曲》，刘良模还被选举为救国会执委。1936年6月，全国救国联合会成立一周年之际，刘良模在上海南市公共体育场，站在高凳上指挥"民众歌咏会"及教群众齐声演唱《义勇军进行曲》《开路先锋》等抗日救亡歌曲。参加歌咏会的人数多达5000余人。同时，刘良模还积极撰文，动员抗战，宣传革命歌曲。1939年春，周恩来在视察新四军后路过金华时，对他开展抗日歌咏活动十分赞赏，鼓励他继续进行下去。但他的爱国行动却为国民党当局所不容，反被无辜扣押。

1940年夏，被基督教青年会派赴美国求学。

1941年，结识了著名黑人歌唱家保罗·罗伯逊。保罗·罗伯逊同情和支持中国抗日救亡运动，在听了刘良模关于中国群众歌咏运动的情况介绍和刘良模演唱的几首中国革命歌曲后，便跟着刘良模一句句用中文演唱《义勇军进行曲》。他在美国介绍中国人民的抗日战争，到过美国许多大、中、小城镇，宣传中国人民英勇抗日的事迹。

1942年，保罗·罗伯逊和刘良模继续合作，灌制了一套中国革命歌曲的唱片，片名叫《起来》(*Chee Lai*：*Songs of New China*，《起来：新中国之歌》)，收入了包括《义勇军进行曲》在内的一组中国进步歌曲。宋庆龄欣然为这套唱片集作序，出售《起来》所得也汇到国内，支援抗战。

　　1949年，他应邀回国参加第一届中国人民政治协商会议。全国第一届政协会上，刘良模和几位委员向大会联合提出以《义勇军进行曲》为代国歌的建议，获得通过。

　　刘良模自称是"歌咏家"，是用歌声抵抗日寇侵略的战士。他故事多多，是一位传奇式的人物。

　　以下五图为《山城的怒吼》：精神总动员1939年二周年纪念日，重庆市由教育部发动，举行千人合唱大会。选定11首名曲、2首军乐合奏曲。陈部长亲撰《胜利年颂》和《苦斗》的歌词，由音乐家金律声、李抱忱配制军乐伴奏。举行地点为夫子池新运模范区广场。演奏时由当时的"中央广播电台"直播，在各要衢扩大播音，歌声嘹亮、响遏行云，全市市民皆能收听。此诚中国音乐界空前之盛举。其中有一幅是贺绿汀为民众教唱抗战歌曲。

▲ 参加合唱之女童子军

▲ 山城的吼声

◀合唱大会中女声部

◀音乐家贺绿汀教民众学习
抗战歌曲。

◀民众手持乐谱学唱新歌。

第五辑
乐器、乐队

这部分图片主要是一些民族乐器和各种乐队的照片。这里也有难得一见的图片，如20世纪20年代汉口的管弦乐队，尤其是抗战期间在重庆的中华交响乐团与马思聪演奏小提琴协奏曲的图片等。

▲ 乡童小民乐队

▲ 上海华童公学之西乐队

▲ 山东女子师范学校之雅乐队

　　此图发表于1931年5月，是一幅难得的图片。山东女子师范学校是否有专修音乐的学生，尚不得知。又，这所学校是否与现在的山东师范大学音乐系有渊源的关系，也需考证。因为山东师范大学音乐系可以追溯到1902年山东大学堂内设的师范馆。1903年师范馆从山东大学堂分出，正式成立山东师范学堂。此后又多次变故，直至1944年才成立山东省师范专科学校。

▲ 女士演奏秦琴图。

▲ 练习琵琶演奏。

▲ 练习三弦演奏。

▲ 小提琴家马思聪在重庆演奏协奏曲，协奏乐队为中华交响乐团。《良友》曾发表一组专题图片《重庆文化风景线》，这是其中的一幅。

▲ 汉口一部分有志青年组织一音乐研究会，以公务之余，从事高尚艺术之研究，实足为各地之模范。图为该会会员在汉口维多利纪念堂举行第二次音乐大会留影。

　　这幅图片发表于1934年4月。编者为此图片曾查阅武汉音乐学院李俊的硕士论文《清末民初汉口音乐生活初探》（2006年），似乎也未记载。这幅图片可以作为该文的佐证。

▲ 中国海军铜管乐队在行进中演奏。

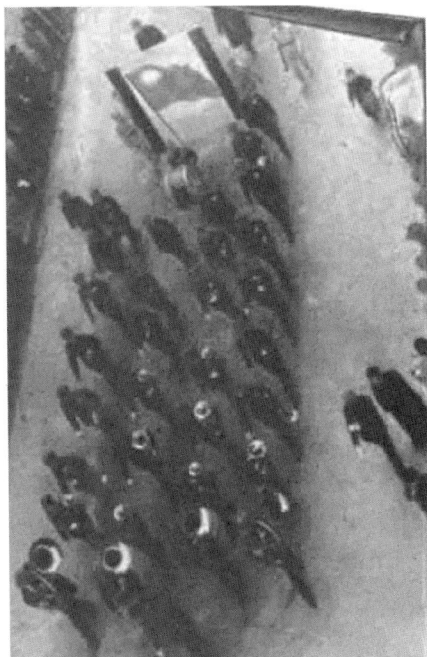

▲ 国府铜管乐队在行进中演奏。

▲ 香港中西游艺大会之军乐队演奏。

▲ 岭南大学铜管乐队迎接校长。

▲ 女反省人在音乐室练习乐器演奏。

▲ 日本东京大冢市民馆音乐会。

▲ 反省院犯人的乐队演奏。

▲ 菲律宾华侨纪念抗战举行游行，乐队为前导。

▲ 德国为掩人耳目和收买人心，在入侵挪威、丹麦等地后，均派军乐队去给当地人民演奏。

▲ 德国乐队在监狱给犯人演奏音乐。

▲ 德军军乐队在巴黎音乐院门前演奏。

▲ 德国军乐队在捷克首都布拉格街头演奏。

▲ 德国军乐队在丹麦首都演奏。

第六辑
其他音乐图片

这部分图片是，凡与音乐有关的图片，但又难以归入别的类别，包括人物（如梁启超、蔡元培）、歌词作家（如徐志摩、田汉），还有一些商业化的音乐照片和新闻以及一些漫画等。

▲ 梁启超

　　梁启超（1873—1929）　广东新会人，字卓如，一字任甫，号任公，又号饮冰室主人。中国近代史上著名的政治活动家、启蒙思想家、资产阶级宣传家、教育家、史学家和文学家。戊戌变法（百日维新）领袖之一，深度参与了中国从旧社会向现代社会变革的伟大社会活动家。曾倡导文体改良的"诗界革命"和"小说界革命"。其著作合编为《饮冰室合集》。民初清华大学国学院四大教授之一、著名新闻报刊活动家。他的文章富有独特的历史视角，令人深思，启蒙思想。他还提倡"新音乐"，曾言"我国无一人能谱新乐，实社会之羞也"，大力推动学堂乐歌和新的音乐教育。梁启超本人也曾创作过学堂乐歌。

▲ 胡适

　　胡适（1891.12.17—1962.2.24） 汉族，安徽绩溪人。现代著名学者、诗人、历史学家、文学家、哲学家。因提倡文学革命而成为新文化运动的领袖之一。原名嗣穈，学名洪骍，字希疆，后改名胡适，字适之，笔名天风、藏晖等，其中，适与适之之名与字，乃取自当时盛行的达尔文学说"物竞天择，适者生存"典故。1917年夏（25岁）回国后，任北京大学教授，加入《新青年》编辑部，撰文反对封建主义，宣传个性自由、民主和科学，积极提倡"文学改良"和白话文学，成为当时新文化运动的重要人物。同年，胡适在《新青年》上发表《文学改良刍议》，主张以白话文代替文言文，所写的《尝试集》是中国第一部白话诗集。且提出写文章"不作无病之呻吟""须言之有物"等主张，为新文学形式作出初步设想。"五四"时期，与李大钊等展开"问题与主义"辩难；陪同来华讲学的杜威，任杜威的翻译逾两年；与张君劢等展开"科玄论战"，是当时"科学派"丁文江的后台。胡适因提倡文学革命而成为新文化运动的领袖之一。他的诗集《尝试集》中有多首被赵元任谱曲。

▲ 黄炎培

黄炎培（ 1878.10.1—1965.12.21 ） 号楚南，字任之，笔名抱一。江苏川
沙县(今属上海市)人。1899年时在松江府以第一名取中秀才。1901年入南洋
公学，选读外文科，受知于中文总教习蔡元培。1902年后又中江南乡试举人。
1903年返乡兴办小学堂。其间，开始接触严复翻译的《天演论》等新学书籍。
次年在乡办校，因鼓吹反清被逮捕，一度入狱，后由基督教外籍牧师保出，
逃亡日本，一年后事息归国，继续兴办学校。1905年参加同盟会。辛亥革命
前，先后创办和主持广明小学和师范讲习所、浦东中学，在爱国学社、城东女
学等新教育团体和学堂中任教，任江苏省教育司长。1913年发表《学校教育采
用实用主义之商榷》，提倡教育与学生生活、学校与社会实际相联系。1914年
2月至1917年春，他以《申报》记者身份在安徽、江西、浙江、山东、北京、天津
等地考察了5个月。随中国游美实业团体在美国考察了25个城市52座学校。
1915年4月，随农商部"游美实业团"赴美报聘，考察教育，撰写《旅美随笔》。
还到日本、菲律宾、南洋各地考察。每次考察均有记录，并结集出版。

1917年赴英国考察，同年5月6日，联络教育界、实业界知名人士在上

海发起中华职业教育社。次年，创建中华职业学校。此后数十年时间的教育和社会活动主要通过中华职业教育社来展开。1921年被委任教育总长而不肯就职。曾参与起草1922年学制，进行乡村建设实验和筹办南京高等师范学校、河海工程专门学校筹备主任（现河海大学）、国立东南大学（现南京大学）、上海商科大学（现上海财经大学）、厦门大学等高校。1931年"九一八"事变后，黄炎培积极投入抗日救亡运动，支持淞沪会战。1941年，与张澜等人发起组织中国民主政治同盟，一度任主席。

1945年又与胡厥文等人发起成立中国民主建国会。同年7月应邀访问延安。写成《延安归来》一书，如实介绍延安。

1946年在上海创办比乐中学，至1949年前，先后又创办重庆中华职校、上海和重庆中华工商专校、南京女子职业传习所、镇江女子职校、四川灌县都江实用职校等。

新中国成立后，欣然从政。1949年9月出席中国人民政治协商会议。中华人民共和国成立后，历任中央人民政府委员、政务院副总理兼轻工业部部长、全国人大副委员长、全国政协副主席，中国民主建国会中央委员会主任委员等职。1965年12月21日病逝于北京。

黄炎培与音乐的关系，有三件重要的事：其一他特别支持沈心工创编学堂乐歌。在他创办的学校里非常重视音乐教育。其二是他送侄子黄自出国留学。1924年，黄自毕业公费留美。先进俄亥俄州欧柏林学院攻读心理学，两年后毕业取得文学学士学位。由于留学期限未满，他又入欧柏林音乐学院学习，专攻音乐理论作曲。1928年转入耶鲁大学音乐学院，翌年毕业，取得音乐学士学位。1929年6月，取得双学士学位的黄自取道欧洲，游历了英、法、德、荷兰、意大利等国，回到了上海，在沪江大学任教。1930年，改任国立音乐专科学校教员兼教务主任，《良友》发表过黄自的作品（见"音乐作品"）。第三件事，黄炎培于1957年3月7日在《文汇报》上发表文章《我也来谈谈李叔同先生》，认为《祖国歌》是李叔同的创作。这一观点在音乐界影响很大。但如钱仁康所言，此说是"揣测"和"误会"。

▲ 蔡元培

　　蔡元培（1868.1.11—1940.3.5）　字鹤卿，又字仲申、民友、孑民，乳名阿培，并曾化名蔡振、周子余，汉族，中国绍兴山阴人，原籍诸暨。革命家、教育家、政治家。中华民国首任教育总长，1916年至1927年任北京大学校长，革新北大，开"学术"与"自由"之风；1920年至1930年，蔡元培同时兼任中法大学校长。他积极提倡新的教育，尤其对推动艺术教育，发表了很多音乐和美术教育的文章。1919年在北大成立音乐研究会，1927年推动成立上海音乐学院，自任校长，1929年在杭州成立西湖艺术院等。

▲ 刘半农

　　著名语言学家、北大教授刘半农，月前赴平绥沿线考察方言，突然患病归来，即送协和医院诊治，据医断为黄疸病，医治无效，7月14日下午3时逝世。学术界同人闻讯，均为其惋惜。上为刘氏近影。

▲ 刘氏考察方言，由绥远到百灵庙途中休息。

　　刘半农（1891.5.29—1934.7.14）　江苏江阴南沙镇马桥村殷家埭（今属苏州市张家港市）人，原名刘寿彰，后改名复，初字半侬，后改字半农，号曲庵，笔名有寒星、范奴冬等。现代著名诗人、杂文家和语言学者，中国早期摄影理论家。音乐家刘天华、刘北茂之兄。其著作《半农谈影》是中国第一部系统的摄影美学专著。1920年9月，时在英国伦敦的刘半农写了一首《教我如何不想她》的著名情诗，首创了"她"字，并第一次将"她"字入诗。1925年秋开始任北京大学国文系教授，讲授语音学。主要著作有诗集《扬鞭集》《瓦釜集》(汇集的民歌集)《半农杂文》《半农杂文二集》，语言学著作《中国文法通论》《四声实验录》《比较请音学概论》等。赵元任以他的诗《教我如何不想她》创作了艺术歌曲，成为我国近现代音乐史上的经典之作。

▲ 徐志摩与陆小曼

徐志摩（1897—1931）

现代诗人、散文家。徐志摩是金庸的表兄。原名章垿，字槱森，留学美国时改名志摩。曾经用过的笔名：南湖、诗哲、海谷、谷、大兵、云中鹤、仙鹤、删我、心手、黄狗、谔谔等。徐志摩是新月派代表诗人，新月诗社成员。1915年毕业于杭州一中，先后就读于上海沪江大学、天津北洋大学和北京大学。1918年赴美国学习银行学。1921年赴英国留学，入剑桥大学当特别生，研究政治经济学。

1926年任中央大学（1949年更名南京大学）教授。在剑桥两年深受西方教育的熏陶及欧美浪漫主义和唯美派诗人的影响。

1910年入杭州府中学堂。1918年赴美国克拉克大学学习银行学。1921年开始创作新诗。赴英国留学，入伦敦剑桥大学当特别生，研究政治经济学。在剑桥两年受西方教育的熏陶及欧美浪漫主义和唯美派诗人的影响。1922年返国后在报刊上发表大量诗文。1923年，参与发起成立新月社，加入文学研究会。1924年与胡适、陈西滢等创办《现代诗评》周刊，任北京大学教授。印度大诗人泰戈尔访华时任翻译。1925年任北京大学教授，赴欧洲，游历苏、德、意、法等国。1926年在北京主编《晨报》副刊《诗镌》，与闻一多、朱湘等人开展新诗格律化运动，影响到新诗艺术的发展。同年移居上海，任光华大学、大夏大学和南京中央大学教授。和胡适、闻一多等人创立"新月书店"，创办《新月》杂志。1927年参加创办新月书店。次年《新月》月刊创刊后任主编。并出国游历英、美、日、印等国。《再别康桥》写于1928年11月6日，初载1928年12月10日《新月》月刊第1卷第10号，署名徐志摩。1930年任中华文化基金委员会委员，被选为英国诗社社员。同年冬到北京大学与北京女子大学任教。1931年初，与陈梦家、方玮德创办《诗刊》季刊，被推选为笔会中国分会理事。同年11月19日，由南京乘飞机到北平，因遇大雾在济南附近触山（山东女子学院东），飞机失事，因而遇难。更为巧合的是，失事飞机叫"济南号"。蔡元培为其写挽联：

> 谈话是诗，举动是诗，毕生行径都是诗，诗的意味渗透了，随遇自有乐土；
>
> 乘船可死，驱车可死，斗室生卧也可死，死于飞机偶然者，不必视为畏途。

徐志摩的很多作品成为音乐家谱曲对象，如《海韵》（赵元任作曲）、《偶然》（李惟宁作曲）等，近年又有以他的《再别康桥》改编的小剧场歌剧。

陆小曼（1903年—1965年）　近代女画家，江苏武进人。1915年就读法国圣心学堂，她18岁就精通英文和法文。她是个画家，师从刘海栗、陈半丁、贺天健等名家，父亲陆定原是财政部的赋税司司长，1926年与徐志摩结婚，同年参加了中国女子书画会，1941年在上海开个人画展，晚年被吸收为上海中国画院专业画师，上海美术家协会会员，曾参加新中国第一次和第二次全国画展。她擅长戏剧，曾与徐志摩合作创作《卞昆冈》五幕话剧。她谙昆曲，也能演皮黄，写得一手好文章，有深厚的古文功底和扎实的文字修饰能力。1926年10月3日嫁诗人徐志摩。胡适说："陆小曼是一道不可不看的风景。"陆小曼是上海中国画院画师，从贺天健习画，善画设色山水，画风近清代王鉴一路，格调有幽雅淡远之趣。传世画迹有《江边绿阴图》轴，与孙鸿（雪泥）合作《黄山烟云图》横幅、《归樵图》和《黄鹤楼图》等。陆小曼后透过票戏与翁同和之孙翁瑞午相识。1931年11月17日两人之间的情感发生裂痕，徐志摩离开上海，到了南京，后寓居北京。

陆小曼经常被外交部邀请去接待外宾，参加外交部举办的舞会等，在其中担任中外人员的口语翻译。陆小曼在三年的外交翻译生涯中，屡屡显出她机警、爱国的一面。因为当时翻译不仅仅把对方的话译出来就算了事，还须随机应变，以对付那些蔑视华人的外国人。她爱自己的祖国，看到外国人有蔑视华人的语言行为，就以牙还牙，巧妙地对付。

1931年11月19日志摩空难死亡，南京航空公司主任保君健告诉陆小曼，徐志摩不幸身亡。陆小曼整理徐志摩作品，编成《志摩日记》《徐志摩诗选》《志摩全集》等。1965年在上海病逝。

▲ 田汉君及新婚夫人黄女士

　　田汉（1898.3.12—1968.12.10）　　中国现代戏剧奠基人，剧作家、诗人。1898年3月12日生于湖南省长沙县，原名寿昌。少年时期，田汉就受到进步诗人的影响，具有反帝爱国思想。1916年，受到舅父易象资助，东渡日本，在东京高等师范就读，并加入李大钊主办的少年中国学会，开始进行诗歌创作。1920年创作了剧本《环珴璘与蔷薇》《咖啡店之一夜》。

　　1927年在上海艺术大学任职期间创作了话剧《苏州夜话》《名优之死》等。这时期，田汉不仅从事文艺创作，还积极参加政治运动，1930年参加左翼作家联盟成立大会，被选为以鲁迅为首的个人执行委员之一。同年4月田汉发表了《我们的自己批判》，公开宣告投奔无产阶级。

　　1932年田汉参加中国共产党，担任一些重要职务。这时期，他创作了话剧《梅雨》《乱钟》《回春之曲》等作品，同时，又进入电影界进行艺术活动，写了《三个摩登的女性》《青年进行曲》《风云儿女》等进步电影文学剧本，又创作了聂耳谱曲的《毕业歌》《义勇军进行曲》，抗日战争期间，田汉除了大量的社会活动外，仍继续进行创作。

抗战胜利后，他又写作了《丽人行》《忆江南》《梨园春梦》等戏剧和电影剧本。新中国成立后，田汉担任国家文化部门重要领导职务，为繁荣和壮大戏剧队伍做出了杰出的贡献。同时，他还创作了话剧《关汉卿》和《文成公主》。这两部剧作无论在思想上和艺术上都取得了巨大的成功。

▶ 钢琴教授冷韵清女士，任上海新华艺术大学、东南女体专、中国公学之音乐主任。

▲ 音乐家周大融与未婚妻广州女体师主任蔡西民女士。

▼国立音乐院教授方于。

　　方于，生卒年不详。原名于衣谷，江苏武进人。法国里昂大学毕业，国立音乐院法语教授。

▲ 华社摄影展览出品选刊《弦之音》

▶ 音乐家（华社摄影展览
会出品）

▼ 功成复唱采菱歌。

美国女明星柯灵慕亚化妆东方女子

◀美国女明星柯灵慕亚化妆东方女子。

▲ 少女琴心

溥儀夫人近影

▲ 郭布罗·婉容

▲ 洞箫演奏

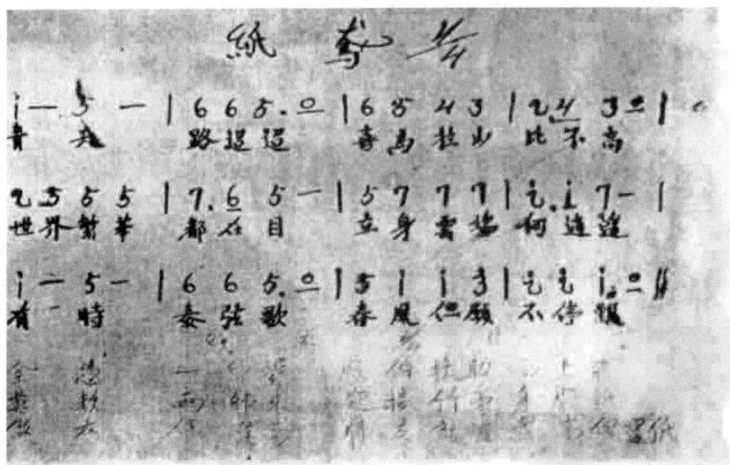

▲《纸鸢》

　　《纸鸢》是学堂乐歌时期的一首作品。目前查到还没有与这首完全相同的作品。歌词首句与曾志忞的《纸鸢》首句相同，但曲调不同。有意思的是，这是前宣统皇帝夫人婉容的笔迹。1924年冯玉祥主张，把前清皇族从故宫中赶出去。遂组成故宫接收组，清理宫中物品。此婉容之笔迹即清理出的，从中也可看出，学堂乐歌已经传到宫中。

　　《纸鸢》，即风筝。歌词为：

　　　　青天路迢迢，喜马拉山比不高。

　　　　世界繁华都在目，立身云端何逍遥。

　　　　有时奏弦歌，春风但愿不停飘。

　　第二段（在笔迹的下方，字迹较浅的三行）：

　　　　全凭一丝系，风伯扶助向上飞。

　　　　莫叫雨师来，迎接竹当身体纸做衣。

　　　　偶逢鸢朋友，说道我高你还低。

　　关于婉容，编者在此推荐一篇短文，以资参考。

　　郭布罗·婉容　达斡尔族，正白旗，1905年出生于内务府大臣荣源府内。1922年，已满17岁的婉容因其不仅容貌端庄秀美、清新脱俗，且琴棋书画无所不通而在贵族中闻名遐迩。同年，被选入宫，成为清朝史上最后一位皇后。然而婉容的当选并不是因为她的美丽与多才，而是因为皇帝溥仪随手在她的照片上画了一个圈，同时也就圈定了婉容凄苦的一生。与婉容同时入选的还有另外一个少女——文绣，但是由于文绣家族势力没有婉容家大，所以文绣退而居其次，成为皇妃。然而现在看来，婉容的幸运当选却正是她不幸命运的开始。

住在紫禁城的那段日子里，由于母仪天下的荣耀和新婚燕尔的欢愉，婉容过得还算惬意，她的柔情与活泼也给溥仪带来了很多快乐，而她的饱学多识，更是使溥仪视之为知己。但是婉容也有着大多数女人都有的小心眼和嫉妒心，所以文绣的存在，使得她和溥仪还是存在着一些不和谐音。

1924年底溥仪被赶出了紫禁城，皇帝的尊号也成为了中国的历史。他带着婉容、文绣住进了天津张园。随着时间的推移，溥仪性格上的弱点逐渐暴露出来了，而他生理上的缺陷最终更是导致了文绣提出离婚。可是溥仪却把这场给他带来奇耻大辱的"刀妃革命"的所有过失都推到了婉容的身上。

等到溥仪逃至长春，成为了满洲执政府的傀儡后，他更是对婉容置若罔闻，不闻不问。同时婉容的行动也受到了日本人的严密监视和限制，这一切使婉容的身体和精神处于崩溃的边缘。于是婉容越来越放纵自己，她狂躁易怒，她嗜毒成瘾，她甚至与溥仪身边的侍卫私通，总之，婉容竭尽所能地做出所有可以激怒溥仪的事情。终于，她开始了长达10年的冷宫生活，这段日子使她从一个娇美恬静的美人变成了一个形如槁木的疯子。到了1946年，随着日本人的投降，撇下了一大群的皇亲国戚，溥仪这个儿皇帝也仓皇出逃了。在随解放军转移到吉林延吉的监狱后，孤苦伶仃的婉容终于香魂一缕随风散，化作一抔黄土，结束了她曾令人羡、令人怨、令人怜、令人叹的一生。

当很多人说她贪慕虚荣、任性跋扈甚至放荡的时候，又有谁从这个弱女子的角度去考虑，而真正地了解她、理解她、怜惜她呢？在那个时代，她何尝可以把握自己的命运？却宛若水中的浮萍，只有随波而流，逝于风吹雨打中……而她反抗的唯一途径恐怕就是毁灭自己，得以劫后重生。如果婉容有来世，但愿她可以作一个平凡幸福的女人。

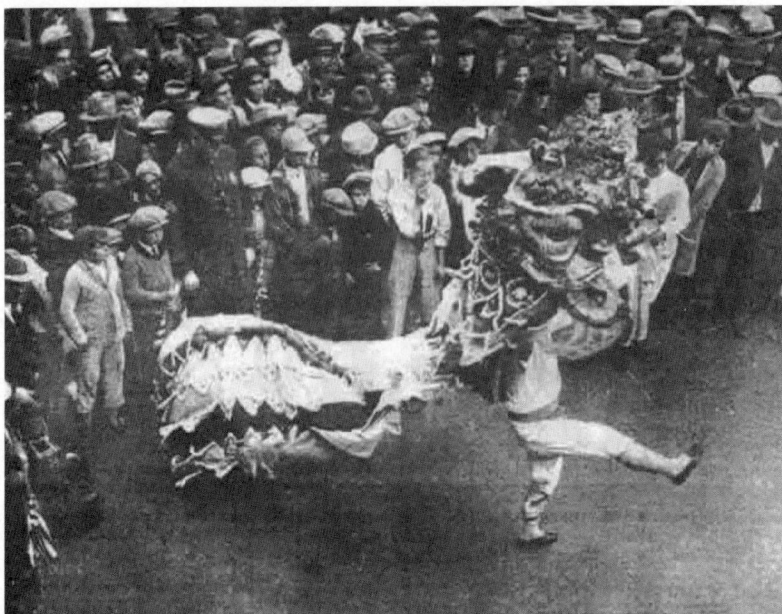

▲ 芝加哥华侨新年舞狮。

▲ 美国老人佛利制造的最大的低音提琴，需在户外演奏。这是他全家演奏
之情形。

▲ 世界上最大的铜管乐器。

▲ 孩子们歌唱基督的降生。

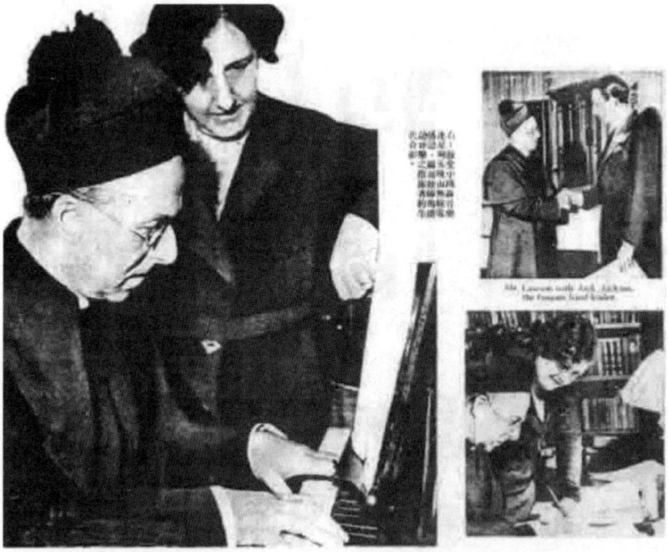

▲ 英国教堂爵士乐舞之一

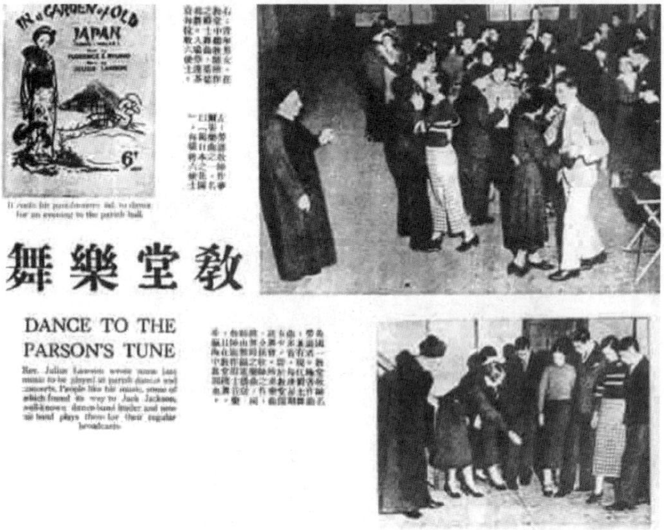
IN a GARDEN of OLD JAPAN
教堂樂舞
DANCE TO THE PARSON'S TUNE

▲ 英国教堂爵士乐舞之二

英国一教堂牧师名劳逊，极善作曲，著有现代爵士舞曲多首。每逢星期五晚，即于教堂开跳舞会，所奏乐曲皆牧师所作。跳舞时之乐曲由无线电播送。牧师作爵士音乐，且在教堂跳舞，真奇闻也。

▲ 未被焚毁的罗马音乐院门前之一。

▲ 被焚毁的罗马音乐院门前之二。

▲ 纪念高尔基逝世三周年活动

1939年纪念高尔基逝世三周年活动，由重庆的中苏友好协会主办。中间摆放高尔基像和花圈。由抗日将领冯玉祥将军发表演说。当时的苏联塔斯社驻重庆办事处主任也发表演说，并用俄语朗诵了高尔基的《海燕》；当时的文协主席郭沫若用中文朗诵了《海燕》。

▲ 纪念会中歌咏队合唱《追悼歌》。

▲ 留声机之进化

▲ 音乐生活漫画

　　随着中国沿海口岸的对外开放，一些西方传教士和外国侨民涌入中国，上海成为他们主要的聚集地。最早建立的剧院是1866年的蓝心大剧院，到20世纪30年代，在繁荣的大都会上海的剧场，可以演戏剧、戏曲、歌舞、电影、音乐会等节目。仅《良友》中发表的图片就涉及21座。这是其中的3座。

▲ 上海剧场三座

▲ 奥迪安大戏院内景

▲ 1934年联华影业公司出品一览

孙师毅编剧,蔡楚生导演,阮玲玉、郑君里主演。聂耳为该片创作了6首著名主题曲:1.《回声歌》,2.《天天歌》,3.《一天十二点钟》,4.《四不歌》,5.《奴隶的起来》,6.《新的女性》。

▲《大路》中一个场景,聂耳为该片创作了著名的主题曲《大路歌》和《开路先锋》。

▲《新女性》中一个场景。

电影《桃李劫》由应云卫导演,袁牧之、陈波儿主演。聂耳为该片创作了主题歌《毕业歌》。

▶电影《桃李劫》海报

電通
三友式
PRODUCT
（二）人材
（三）出品
（一）「中國海的怒潮」
桃李劫
編劇：袁牧之
監製：馬德建
主演：袁牧之 陳波兒 唐槐秋
電通公司出品

▲ 电影《桃李劫》中的场景。

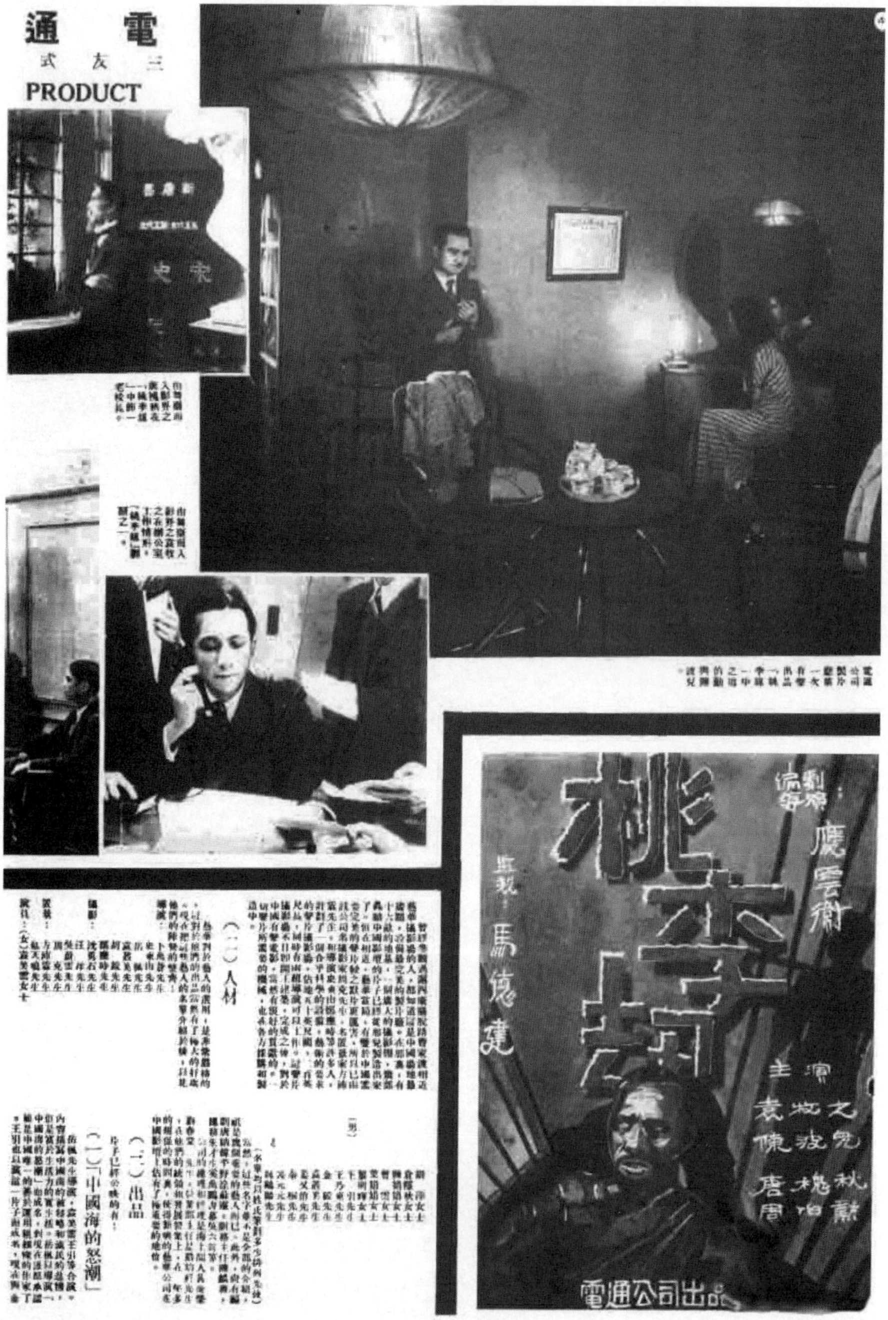

第七辑
音乐家

在这部分图片中，集中了音乐家的图片，包括少量但又难得的民族音乐家和外国音乐家。《良友》发表的如聂耳的图片，1935年7月聂耳在日本去世，8月就发表了图片，还加有简单的说明，称其为"新兴的音乐家"，表示了《良友》的惋惜和同情。而关于马思聪的图片不但多，还发表有他的文章。其中难得的有马思聪为学生上课、马思聪辅导小学生小提琴队等。其他如上海音乐院的朱英、谭抒真以及前两年去世的歌唱家郎毓秀等位音乐家的图片，可能都是第一次见到。

▲ 萧友梅在新落成的上音门前留影。

萧友梅（1884.1.7—1940.12.31）　中国近代音乐教育家、理论家、作曲家。字雪朋，号思鹤。原籍广东香山（今中山县），出生在广东省香山县（今中山）的一个前清秀才家庭，5岁时就随父亲移居澳门，从小家教及在澳门"灌根草堂"私塾攻读。1898年，15岁的萧友梅进入了广州最早的一所新式学堂——时敏学堂。1901年萧友梅赴日本留学，在日本期间，主攻教育学及钢琴、声乐等音乐课程。1906年清政府在东京的密探对孙中山先生加以监视跟踪，孙先生曾藏身于萧友梅的卧室达一个月之久，一切生活起居和与外界及同盟会主要成员廖仲恺先生的联系都由萧友梅先生担任。1912年元旦，孙中山先生在南京就任临时大总统，萧友梅被任命为总统府秘书。1916年萧友梅留学德国，在莱比锡音乐院专攻理论作曲，后又到柏林大学和私立的施特恩音乐院听课。1922年回国任北京大学讲师、北大音乐研究会导师，在北京女子高等师范学校创办音乐体育专修科，同时组织了我国第一个管弦乐队，自任指挥。其作品主要写于20世纪20年代，有100余首歌曲和其他体裁的作品。1922年北大音乐研究会改为北大音乐传习所，蔡元培任所长，萧友梅任教务主任。1927年在蔡元培的支持下，萧友梅奔走努力，在上海筹建国立音乐院，11月27日我国第一所专业音乐学府成立，蔡元培兼任院长。萧友梅初任教务主任，12月代理院长，1928年9月被正式任命为国立音乐院院长。在长达20年的教育工作中，该校为我国培养了现代最早的一大批音乐专门人才，为中国现代音乐文化事业的发展奠定了良好的基础。萧友梅是我国第一首室内乐、第一首管弦乐、第一首铜管乐的作曲者，是我国跨越业余作曲进入专业音乐创作的第一人。

▲ 丘鹤俦

丘鹤俦（1880—1942）　乳名阿英，乡人称为"靓仔英"，广东音乐演奏家、作曲家、教育家。

丘鹤俦出生于台山县那泰乡那吕村一个贫苦家庭，自幼酷爱音乐，博学强记。他9岁开始学习广东音乐和粤曲，常到八音班旁听和观看"南巫"（僧）"师姑"（尼）的斋祭唱曲，只经两三次即能熟记仿效，能弹会唱，被乡人誉为"神童"。13岁被八音班吸收，成为最年轻的唢呐吹奏员，早期的老师是民间艺人胡德高。

15岁那年，丘鹤俦为生计远涉南洋，约20岁回香港定居，最初在私营电话公司任职员。丘鹤俦把当时（20世纪20年代）流行的古曲、小调、佛乐和粤曲等收集、整理及记谱，编著出版了广东音乐最早的入门课本《弦歌必读》及增刊，后又编了《琴学精华》（首编和二编）、《国乐新声》《琴学新编》等曲集书刊，1932年，由于父亲病逝，丘鹤俦回乡治丧，在乡居留了较长时间。期间因推托不了乡人请其表演的苦苦要求，遂于家乡大同市新生活茶居和端芬前积厚小学（现那泰学校）分别献演了一个多小时的音乐节目。

1934年，54岁的丘鹤俦出访美国纽约等地，演奏扬琴、二弦、唢呐、高胡等乐器，还演唱粤曲，深受好评，尤其他的扬琴技法令人赞赏不已，载誉而归。

丘鹤俦创作的广东音乐作品有《娱乐升平》《狮子滚球》《双龙戏珠》《声声慢》《相见欢》等，这些乐曲有着浓厚的粤乐风格并有所创新，因而流行甚广。其中《狮子滚球》音乐形象丰富，马思聪于1950年将其改编成钢琴独奏，《娱乐升平》亦被国乐大师彭修文改编成民族管弦乐合奏曲。

1941年，日寇侵华期间，由于时局动乱，生活艰苦，加上爱子被日军飞机炸死，丘鹤俦深受打击，听觉日衰，忧郁成疾，于1942年病逝于香港，享年62岁。

▲ 吕文成

吕文成（1898—1981）　广东音乐作曲家、演奏家，广东中山人。吕文成终身从事广东各种音乐的作曲、演奏及演唱。20世纪20年代前后生活在上海时便已蜚声乐坛，后旅居香港。擅长演奏的乐器有高胡、扬琴。1930年代首创钢丝二胡（即高胡），并采用两腿夹琴筒的演奏方法，大大地丰富了高胡的表现力，使高胡成为广东音乐中独特的主奏乐器。

吕文成一生创作发表的广东音乐作品已有100多首，其中《平湖秋月》《步步高》《醒狮》《蝶恋花》《青梅竹马》《蕉石鸣琴》等广为流传。其作品不仅具有浓郁的传统的广东音乐风格，而且又吸收了西洋音乐的优点，曲调优美流畅，节奏生动活泼，令人耳目一新。

吕文成还是一位技艺高超的演奏家，善于借鉴吸收各种民族音乐的技巧，将它们融入广东音乐中，他的不少作品都是自己演奏并灌制唱片。

吕文成也是一位出色的演唱家，他唱的粤剧行腔自如，吐字清晰，圆润悠扬，饮誉艺坛，多次出国演出，深受好评。

吕氏一生创作了200多首音乐作品，其中不少广东音乐曲调成为百听不厌、脍炙人口、流传不衰的佳作。他的作品题材广泛，其中有写景抒情的《平湖秋月》《蕉石鸣琴》《渔歌晚唱》；有情绪轻松活泼向上的《青梅竹马》《醒狮》《步步高》；有描写民间故事的《银河会》《天女散花》《歧山凤》；有反映民间习俗的《二龙争珠》《狮子上楼台》《鹦鹉戏麒麟》；有反映民族觉醒精神的《恨东皇》《齐破阵》《泣长城》等。他的创作，结构严谨，曲调清新，旋律优美流畅，委婉动听，节奏生动活泼，热情奔放，富有鲜明的个性和风格。

▲ 鼓王刘宝全

　　刘宝全（1869—1942）　京韵大鼓演员，刘派京韵大鼓创始人。曾用名刘顺全，字毅民，河北省深县人。他7岁入私塾，读书之余，喜欢听戏和学着唱戏。9岁时，举家流落到河北关上。父亲刘能靠扎纸活、制冥衣为生，常向木板大鼓艺人王庆和学唱。刘宝全耳濡目染，也爱上了木板大鼓。为了生计，父子一起卖艺，父亲演唱，他弹三弦伴奏，慢慢地自己也学会了演唱。15岁在天津拜名家宋五（宋玉昆）为师，继续学唱木板大鼓，又向琵琶名家陆文奎学弹琵琶。宋五死后，他的嗓音"倒仓"时不能演唱，就为木板大鼓名家胡十（胡金堂）和霍明亮伴奏，在艺术上得到了宋五的弦师韩永忠的指导。18岁时，随韩永忠到北京，在庙会上、堂会上以及王广福斜街的乐户中唱木板大鼓（北京人俗称"怯大鼓"）。

清朝末年（1908年左右），天津北门外天泉茶楼经理回斗银邀刘宝全去天津演唱，由韩永禄任弦师。为配合他的演唱，弦师革新了伴奏乐器，韩永禄改中三弦为大三弦，霍连仲改影调使用的四胡为预筒四胡，使伴奏、演唱相得益彰。

清宣统二年（1910），刘宝全再到天津，在四海升平茶园登台演唱，获得很高声誉。民国四年（1915）刘宝全成立了"宝全堂艺曲改良杂技社"，往返于京津两地演出，在杂耍园子里的节目场次上取代了单弦牌子曲而跃居"攒底"地位。这一时期，他还结识了文人庄荫棠，在庄荫棠的帮助下修订了《白帝城》《活捉三郎》《徐母骂曹》等大鼓书词，丰富了演唱曲目，经过数年用心钻研，终于在以乡音演唱的河间木板大鼓的基础上，脱胎出京韵大鼓的规模。同时他还截长篇为短篇，融抒情于叙事，使京韵大鼓这一鼓曲形式逐渐完善。自百代公司光绪三十四年（1908）为他灌制头张唱片《八喜·八爱》之后，到20世纪20年代初，百代公司、高亭公司已发行了他的10多张唱片。此后，在北京、天津、上海、南京、汉口、济南等地演唱不辍，民国九年，博得了"鼓界大王"的美称。至1930年代初，他在艺术上达到炉火纯青的程度，形成京韵大鼓的主要艺术流派——"刘派"。

晚年的刘宝全饱受旧社会摧残，生活落魄至极。1942年，刘宝全在北京吉祥戏院演完了《双玉听琴》之后，一病不起，不久就去世了，享年73岁。

◀朱英——国立音乐院教授

朱英（1889—1954） 字荇青，号杏卿，浙江省平湖县当湖镇人。朱英先生1889年3月28日出生于平湖县，常住平湖市当湖镇骑塘浜10号。童年就读于著名平湖派琵琶名家李芳园所创办的"李氏私塾"，先后从李的大弟子吴柏君和李本人学习琵琶，继承和发展了平湖派琵琶的艺术，为"平湖派琵琶"的传人。

1914年中学毕业后去北京北洋政府任职。1921年在北京工作之余攻读音律理论，兼涉琴、棋、书法和昆曲演唱。1921年11月至翌年2月随中国政府代表团参加太平洋会议。曾在外交场合合作琵琶演奏，深受赞誉。1927年11月应蔡元培院长之聘，任上海国立音乐学院国乐（琵琶）教授，长达17年之久。学生有丁善德、谭小麟、陈恭则和樊伯炎等，他们为平湖派艺术的继承与发展做出了重要贡献。1928年5月，发生日本侵略军在济南屠杀中国军民的"五卅惨案"，他与萧友梅以及国立音乐院的学生创作了《国难歌》《国民革命歌》等爱国主义歌曲。1931年"九一八"事变后与廖辅叔、胡然等作歌词14首。1944年因拒绝为日寇演奏而辞归故里。1946年2月在"平湖县立初级中学"任教，并为平湖县中写校歌一首。1946年12月—1947年7月应湖北师范学院艺术系之聘任该校国乐教授。1947年8月回平湖县立初级中学任教，其间创作了不少诗词。1953年被聘为中央音乐学院民族音乐研究所特约演奏员，并享受政府经济补贴。1954年6月12日因喘病剧发病逝于平湖故里。

▶聂耳

聂耳（1912—1935）　原名聂守信，字子义（亦作紫艺），汉族，云南玉溪人。中国音乐家。他从小家境贫寒，对劳苦大众有深厚的感情，在有限的生命中创作了数十首革命歌曲。他的一系列作品，正是中国共产党领导的人民革命的产物。聂耳开辟了中国新音乐的道路，是中国无产阶级革命音乐先驱。是中华人民共和国国歌《义勇军进行曲》的作曲者。

1927年聂耳毕业于云南省立第一联合中学，在校期间参与了学生组织"读书会"的活动，并与友人组织"九九音乐社"，经常参加校内外的演出活动。在这期间，他还自学了小提琴和钢琴。1931年4月聂耳考入黎锦晖主办的"明月歌舞剧社"，任小提琴手。1932年7月发表《中国歌舞短论》，并因批评黎氏被迫离团。1932年11月进入联华影业公司工作，参加"苏联之友社"音乐小组，并组织"中国新兴音乐研究会"，参加左翼戏剧家联盟音乐组（苏联之友社）。1933年，聂耳由田汉介绍加入中国共产党。

1934年4月聂耳加入百代唱片公司（中国唱片厂前身）主持音乐部工作，同时建立百代国乐队（又名"森森国乐队"）。这也是聂耳最多产的一年。1935年1月聂耳任联华二厂音乐部主任。1935年7月17日，年仅23岁的聂耳在日本藤泽市游泳时不幸溺水身亡，也有说是被鲨鱼吃掉的，也有说是被日本机关暗杀的。

▲ 冼星海，前岭南大学军乐队长，曾修业国立音乐院，最近赴法以求深造。

冼星海（1905—1945）　生于澳门一个贫苦船工的家庭，6岁随母亲到新加坡，在新加坡的养正小学最先接触音乐。1918年入岭南大学附中学小提琴，1926年入北京大学音乐传习所、国立艺专音乐系学习。1928年进上海国立音乐院学小提琴和钢琴，并发表了著名的音乐短论《普遍的音乐》。1929年去巴黎勤工俭学，从师于著名小提琴家帕尼·奥别多菲尔和著名作曲家保罗·杜卡。1931年考入巴黎音乐学院。在肖拉·康托鲁姆作曲班学习。留法期间，创作了《风》《游子吟》《d小调小提琴奏鸣曲》等10余首作品，1935年回国后，积极参加抗日救亡运动，创作了大量战斗性的群众歌曲，并为进步影片《壮志凌云》《青年进行曲》，话剧《复活》《大雷雨》等谱写音乐。抗战开始后参加上海救亡演剧二队，后去武汉与张曙一起负责开展救亡歌咏运动。1935年至1938年间，创作了《救国军歌》《只怕不抵抗》《游击军歌》《路是我们开》《茫茫的西伯利亚》《祖国的孩子们》《到敌人后方去》《在太行山上》等各种类型的声乐作品。1938年任延安鲁迅艺术学院音乐系主任，并在"女大"兼课。教学之余，创作了不朽名作《黄河大合唱》和《生产大合唱》等作品。1940年去苏联学习、工作，1945年10月30日卒于莫斯科。

在冼星海短促的一生中，创作生活约10余年，共作歌曲数百首（现存250余首），大合唱4部、歌剧1部、交响曲2部、管弦乐组曲4部、狂想曲1部以及小提琴、钢琴等器乐独奏、重奏曲多首。在冼星海的创作中，数量最多、影响最广的是多种多样的群众歌曲。其中有正面表现中国人民的抗日斗争、采用号召性、战斗性的进行曲形式的《救国军歌》《青年进行曲》《保卫卢沟桥》和《到敌人后方去》；有具体展示人民战争壮美的战斗图景、将抒情性与鼓动性或描绘性与概括性结合在一起的《在太行山上》《游击军》和《反攻》；有表现工农群众的劳动生活、采用特定的劳动音调和节奏写成的《顶硬上》《拉犁歌》《搬夫曲》和《路是我们开》；还有为抗战中的妇女、儿童写的《只怕不抵抗》《祖国的孩子们》和《三八妇女节歌》等。在这些群众歌曲中，冼星海根据不同内容，创造具有不同个性特征的音乐形象，或以具有冲击力的节奏和挺拔高昂、富于棱角的旋律，表现激昂慷慨的情绪和威武豪壮的气势；或以气息宽广的旋律、舒缓沉着的节奏和抒情含蕴的音调，体现革命人民丰富的内心世界。

冼星海的四部大合唱《生产运动大合唱》《黄河大合唱》《九一八大合唱》《牺盟大合唱》，其中《黄河大合唱》是冼星海最重要的和影响最大的一部作品。

谭抒真（1907.6.10—2002.11.28） 我国当代德高望重的音乐教育家、小提琴家、乐器专家、我国小提琴制作事业的开创者。

1907年6月10日出生于青岛市的一个医生家庭。1922年开始学习音乐和小提琴。1927年20岁时，作为第一位中国音乐家进入上海工部局交响乐团。从1926年起先后任教于上海美术专科学校、新华艺术大学、国立音乐专科学校、行知艺术学校等。新中国成立后，1949年由陈毅市长任命担任上海音乐学院副院长，同时兼任管弦系主任。1949年任上海音乐家协会副主席。从1954年起任上海市第一届至第五届市人代会代表。1957年任民盟上海市委常委兼民盟上海音乐学院主委。20世纪80年代起，任民盟上海市委顾问。1977年起担任上海市第五届、第六届政协常委。

谭抒真教授的教育生涯长达76年。几十年来，他以音乐教育家的丰富经验，按照音乐教育的规律和与时俱进的先进理念，带领和引导同行在教学上因材施教，培养了一批又一批音乐人才。我国的小提琴教育和演奏，在几十年的时间里达到了世界一流的水准。培养的小提琴家，屡屡在国际上获奖。谭抒真教授在推动我国小提琴事业的发展中，做出了极其重要的贡献。跟随谭抒真教授学习过小提琴的学生无数，同龄人中有著名作曲家王云阶，后辈中有郑石生、袁培文、覃明湘、李牧真、周彬佑、高士恕、陈稼华、张靖平、谭国璋、倪文震、盛中华、李伟刚、薛伟、钱舟、华天礽、周修炜等。

谭抒真教授学识渊博，精通英、日、德、法语言，通晓文理各科，擅长摄影绘画。他曾在沪江大学学习建筑专业，并获得建筑师的资格，对音响声学颇有研究。20世纪50年代由他领导和参与设计建造的上海音乐学院漕河泾音乐厅（现上海师范大学东部礼堂），在当时是上海音响条件最好的演出场所。谭抒真撰写的关于音乐教育、小提琴演奏、制作、音乐音响学等文章数十篇，形成了自己的一套教学思想和理论。

谭抒真先后担任法国玛格丽特·朗·蒂博国际小提琴比赛（1981年）、英国卡尔·弗莱什国际小提琴比赛（1982年）的评委。1982年获美国旧金山音乐学院名誉博士学位，1983年获美国交响乐团协会荣誉奖状。

由于谭抒真教授对我国音乐事业所做出的杰出贡献，他于1991年获首批国务院政府特殊津贴，2001年获得中国文联和中国音乐家协会颁发的首届金钟奖"终生荣誉勋章"，1984年被收入纽约出版的《世界名人录》。

▲ 小提琴家谭抒真

▲ 声乐家满谦子

满谦子（1903—1985）　艺术教育家。原名满福民，荔浦人。1935年毕业于上海音乐专科学校。历任广西省教育厅音乐编审、广西艺术师训班主任、重庆中训团音乐干训班教官、重庆国立音乐学院分院教授兼教务主任、上海音专教授兼教务主任、广西艺专校长、广西艺术馆馆长、广西艺术学院院长、广西音协主席、广西文联副主席，并任广西第四届政协常委。在艺术学院内设立民族艺术研究室，组织并率领采风队深入广西各少数民族聚居县搜集整理资料，推陈出新，用于教学和创作。发表的作品有《小学音乐教材儿童歌曲》《抗日战争歌曲》《欢庆解放》等。

▲ 音乐家蔡继琨

▲ 蔡继琨的作品《浔阳渔火》在日本获奖。图为公演时的情景，中立者左为蔡继琨。

▲ 蔡继琨获奖后，日本乐坛和中国大使馆举办庆祝茶会。

蔡继琨（1908—2004） 祖籍台湾彰化，出生于福建泉州市，毕业于厦门集美学校高级师范，后赴日本东京帝国音乐学院留学。曾祖父蔡德芳是清台籍进士，祖父蔡谷元是县拔贡，父蔡实海、叔父蔡实魁是秀才。日本侵占台后，全家离台到泉州府。1936年以管弦乐作品《浔江渔火》获得国际交响乐曲公募首奖，是我国第一位获得国际大奖的交响乐作曲家。蔡继琨被誉为"台湾交响乐之父"，是中国著名的作曲家、指挥家和教育家。1994年82岁高龄时，在福州创办华侨大学福建音乐学院。蔡继琨是世界上最高寿的指挥家之一，2000年，他以91岁高龄上台指挥交响乐团，在福州、厦门、泉州连演数场，震动乐坛。第三届中国音乐金钟奖组委会授予蔡继琨"终身荣誉勋章"。

赵梅伯（1905 — 1999）

1905 年 8 月 16 日，赵梅伯出生于浙江奉化，梅伯小时候便能吹笛拉琴，自幼念私塾，音乐成绩总是名列前茅。少年时梅伯便天性聪颖，又天生一副好嗓子，音乐天赋已初露端倪。

1921 年，赵梅伯从宁波斐迪中学毕业后，考入沪江大学。1929 年，上海音乐界知名人士发起成立上海音乐协会，发起人除赵梅伯外，还有谭抒真、周大融、张若谷、沈松伯、朱希圣、方于女士等，并聘音乐名人萧友

▲ 音乐家赵梅伯

梅、傅彦良、赵元任、王光祈、梁志忠、黄倩鸿女士等指导。1929 年 10 月，正值中比庚款委员会派送学生赴比利时留学。只有赵梅伯一人学习音乐。赵梅伯在皇家音乐学院时，师从维南教授。1933 年，赵梅伯自日内瓦返回比利时后，在萧淑娴的鼓励与帮助下，第三次抱病参加布鲁塞尔皇家音乐学院公开考奖，终于获得头奖（罗雷亚学位）。1934 年 2 月，赵梅伯应其业师安德生博士与中国驻美大使之邀由欧赴美。1936 年，赵梅伯由欧美载誉回国，被萧友梅聘为上海国立音专声乐教授及主任。郎毓秀、葛朝祉、魏秀娥、黄钟鸣、伍芙蓉等都是他首期学生。

赵梅伯在上海国立音专任职时，主要有两个教育理想：一是将欧洲近现代作曲家作品介绍给学生；二是推动中国新音乐运动。

1937 年 1 月，国民政府中央文化事业计划委员会举行音乐研究会议，陈果夫、褚民谊及赵梅伯、萧友梅、杨葆元等专门委员出席。4 月，教育部第二届全国美术展览会主办国立音专音乐大会，在南京国民大会堂举行，由国立音专学生及教员担任演出，阵容强大，学生有斯义桂（奉化人）、张蓉珍、

郎毓秀、吴乐懿等；教员有余夫差、应尚能（奉化人）、苏石林等。5月，上海工部局交响乐队意籍指挥帕器邀请赵梅伯演出，这是华人第一次在此种音乐会上担任独唱。1938年12月，赵梅伯指挥全上海基督教联合合唱团250人演唱英国近代著名作曲家高尔的圣乐长歌《圣城》，规模空前。1940年3月10日，上海美军第四海军陆战队在大光明戏院举行演唱会，由赵梅伯担任指挥及顾问。1940年秋，赵梅伯写的《合唱指挥法》由上海商务印书馆出版。1941年，赵梅伯应英国广播民主电台（XCDN设于上海）之请，每周安排两档节目，介绍古典音乐，并将中国的音乐与音乐家介绍给外国人士。1942年圣诞夜，赵梅伯率学生在新都饭店举行音乐会。

1943年创办西北音乐学院，学生多为沦陷区逃亡出来的，1946年抗战胜利后停办。赵梅伯与徐悲鸿受教育部长朱家骅之命，去北平重建国立艺术专科学校。他遂举家迁往北平。由于局势紧张，赵夫人先携子女回到她的出生地香港，1949年，赵梅伯抵港与家人团聚，从此开始了香港20年辉煌的音乐人生：参与并推动香港音乐节，创办乐进团与梅伯少女合唱团，历任香港各校音乐指挥教席，创办香港音乐学院，出版音乐著作，多次首度推演西方著名曲目，桃李芬芳。赵梅伯在港20年造就了无数音乐人才，屡屡在海外获奖，著名的有费明仪、李冰、韦秀闲、庞翘辉、许元贞、薛伟祥、姜成涛、程志芬、何家光、曾丽嫦、吴国良、尹庆良、李克莹、卓少文、梁佩文、黄安琪、黄梅庆、张梅丽、容国勋、谭铁峰、黎碧芳以及英国人安妮密尔斯等。

1968年，赵梅伯结束了香港音乐学院的工作之后便移居美国。1969年圣诞，赵梅伯在圣荷西市应邀参加音乐会，1972年后，赵梅伯主持声乐系与合唱指挥共8年，在西部举行了200余次音乐会，到处备受热烈赞赏。

1975年，赵梅伯蒙辛浦森大学举荐当选为该年"美国杰出教育家"。1986年，为实现去台湾指导中国年轻学子的夙愿，赵梅伯接受台湾教育当局的聘请，于同年9月起担任为期一年的"特别讲座教授"。1988年，赵梅伯正式由福希特大学退休，后便迁居到洛杉矶。1999年11月19日，赵梅伯教授因病在美国逝世，享年96岁。

▲ 小提琴家胡静翔

　　胡静翔生卒年不详。1935年毕业于上海音乐学院。早年曾是上海音乐学院音乐艺文社的成员。毕业后任中央陆军军官学校武汉分校音乐教官。后到四川艺专教授小提琴。1953年曾任器乐系主任。胡曾在1942年的《音乐青年》刊物上，发表介绍欧美音乐教育的文章，1957年在"反右派"中被错划为"右派分子"。

▲ 马思聪

马思聪（1912.5.7—1987.5.20）

中国广东海丰县人，中国作曲家、小提琴家与音乐教育家。被誉为"中国小提琴第一人"。他于1937年创作的《思乡曲》，被认为是中国20世纪的音乐经典之一。

马思聪早年曾赴法国巴黎求学，并在后来考入了法国的巴黎音乐学院，主修小提琴。1932年初，马思聪由法国回到中国，并在同一年与王慕理结婚。此后陆续创作了《摇篮曲》《内蒙组曲》《西藏音诗》《牧歌》等多部著名音乐作品。1949年12月，马思聪被中华人民共和国政务院任命为中央音乐学院的首任院长。

1966年6月，文化大革命开始后，马思聪遭到了造反派的批斗。1967年1月15日晚，马思聪与夫人王慕理、次女马瑞雪和儿子马如龙出走香港，后由美国驻香港领事陪同飞抵美国。同年5月，在康生和谢富治的示意下成立的"马思聪专案组"（又名"002号专案组"）开始对马思聪出走的经过进行调查，株连马家亲属数十人。1968年，马思聪被定为"叛国投敌分子"，这一罪名直至1985年才得以平反。

1987年5月，马思聪在美国接受心脏手术时手术失败，于5月20日逝世于美国费城，享年75岁。

▲ 马思聪在练琴。

▲ 马思聪与大哥和二哥在巴黎。

▲ 马思聪与哥哥在巴
黎近郊漫步

▶少年马思聪在香港。

▲ 马思聪在法国留学。

▲ 马思聪

▲ 马思聪在练琴。

良友

▲ 音乐家唐学咏

唐学咏（1900—1991）
中国乐坛的一代先贤。江
西省永新县芦溪乡古竹村
人。自小生活在一个书香
门第，受到传统文化的濡染
与熏陶。唐学咏天生聪慧，
志向高远。1919年他考入上
海师范专科学校，师从吴梦
非、刘质平、丰子恺等，这
些都是弘一大师李叔同的
得意门生，因而他也深受李
叔同艺术思想的影响，在接
受西方音乐方面得到了很
好的启蒙教育。李叔同是第一个在中国引进和传播西方音乐的先哲。李叔同
对诗、书、画、印、音乐、戏剧等无不精通，建树甚丰。这使唐学咏无限景仰，
立志要向这位大师学习。

1921年考上中法大学里昂海外部，1922年又考入里昂国立音乐院。在
音乐院的10年苦读中，唐学咏均以优异的成绩名列前茅，在每年的会考和
各项比赛中，频频获奖。因而在他毕业时，院方授予他法国文坛上最高的
荣誉——"桂冠乐士"称号。

毕业后，唐学咏曾赴欧洲各国考察、讲学交流，历经10年拼搏之后，
于1930年学成回国。回来后一直在中央大学艺术系任教授，与徐悲鸿共
事八载，情同手足，至1937年方离开中央大学。抗战期间，辗转于湘、黔、
川、滇各省高等学府任教。1945年抗战胜利后，唐学咏出任国立福建音专
校长。

新中国成立后，唐学咏先后在兰州、上海等地工作，1965年调哈尔滨
师范大学音乐系任教授，直至1976年离休。

▲ 郎毓秀

郎毓秀（1918—2012）　女高音歌唱家、声乐教育家。原籍杭州，1918年11月4日出生于中国上海闸北。

自幼学习钢琴。1933年夏天，郎毓秀参加了上海国立音乐专科学校办的暑期培训班。暑期结束后，郎毓秀因音色优美、音域宽广而顺利进入了上海国立音乐专科学校，同时从事电影录音和演唱活动。此后郎毓秀陆陆续续在百代唱片公司录下了《杯酒高歌》《乡愁》《满园春色》《早行乐》《飘零的落花》等二三十张唱片，曾风行国内各地及东南亚地区。

1937年8月，郎毓秀登上了意大利的威尔第伯爵号海轮奔赴欧洲，赴比利时布鲁塞尔皇家音乐学院主修声乐。

1941年，郎毓秀以优异的成绩毕业回国，在上海、天津、北平等地举行独唱音乐会。因在北平无法忍受"亡国奴"的屈辱生活，郎毓秀与丈夫肖济悄悄离开沦陷的北平，几经周折，到达了西安，1945年定居成都。

1944年开始担任四川省国立艺术专科学校声乐教授。

1946年，赴美国俄亥俄州辛辛那提市师范学院、音乐学院深造，进修声乐。

1948年回国。先后在成都华西大学音乐系、西南音乐专科学校任教授。

1948年，任华西协合大学音乐系教授、系主任。

1952年，院系调整时，调到四川音乐学院任教。

1953年，郎毓秀参加第三次赴朝鲜慰问团，在前线为中国人民志愿军慰问演唱长达4个月之久。

1954年，郎毓秀同小提琴家张季时和钢琴伴奏石中强赴西南三省演出。此后，她在生活中，逐渐改变了以西洋唱法为主的风格，先后学习了民间的京韵大鼓、四川清音、京剧、评弹、粤剧的唱腔。

1956年，参加中央对外文委组织的9人文化代表团，先后出访瑞士、意大利、法国3国，并于罗马、伯尔尼、日内瓦、巴黎、里昂等地举办了个人独唱音乐会7次。

1957年，任四川音乐学院声乐教授、硕士研究生导师、声乐系系主任，直至1994年退休。

1981年冬，63岁的郎毓秀开始了她的"告别舞台音乐会"，走遍七大城市（昆明、重庆、成都、北京、天津、上海、武汉），举行了17场演出。

1985年，应文化部的邀请，赴德国、法国两国进行考察。

1987年冬和1988年9月，郎毓秀两次应邀去美国纽约担任罗莎·庞赛尔国际声乐比赛评委。

1993年6月，美国休士顿《国际日报》刊载了中国著名女声乐家郎毓秀

76岁高龄登台演唱60年前唱红的《天伦歌》,演出时由其子萧楫指挥,其女萧桐钢琴伴奏,还有她的学生赶来同台演唱,在休士顿乐坛上创下了一台母女儿子、师生同台演唱的纪录,为祖国争得荣誉。

2001年5月,郎毓秀获得了由中国文联及中国音乐家协会联合颁发的首届"中国音乐金钟奖"终身荣誉勋章。

2012年7月7日在四川成都逝世,享年94岁。

以下11幅图片为《良友》发表的郎毓秀赴欧洲留学时照片。

▲ 赴欧途中船经过苏伊士运河时所摄。

▲ 抵达意大利热那亚时，摄于火车站前。

▲ 经过巴黎时在著名雕刻前留影。

▲ 游巴黎博览会时所摄。

▲ 参加音乐院公众考试时，与同时参考的5位同学合影。

▲ 作者参加比京皇家音乐院技巧考试时与同学在音乐院前。

▲ 音乐院同学多喜穿中国旗袍。

▲ 在音乐院附设之饭店开幕时，女声组合唱队参加唱歌祝贺。

▲ 每逢休假日时与同学赴近郊森林聚餐。

◀ 假期旅行时于布鲁塞尔火车站前。

◀ 游圣爱娜海滨时在教堂前与同学合影。

张蓉珍　生卒年不详，出身于名门望族。她的姐姐和哥哥，都是当时有名的人物。声乐曾师从于赵梅伯，与周小燕关系密切。

▶ 歌唱家张蓉珍

▲ 上海著名歌唱家赛利凡诺夫

赛利凡诺夫 生卒年不详。俄国音乐家,自小向往艺术,生长于贵族家庭。父亲要他承继遗产,他志不在此,所以19岁逃到圣彼得堡,入皇家学校3年,音乐天才更显露。校长赏识他,送他进音乐专修院,研究6年。再游意大利后,在俄京圣彼得堡歌剧院任歌剧主角,声誉大盛。十月革命后,逃到日本转来上海。曾在上海市政厅演唱音乐会数次,并教学生,其中有3人曾歌唱于市政厅。赛氏夫人亦著名音乐家。

▲ G.Ehrenwerth年12岁,在纽约音乐比赛获金牌。

▲ 留美研究音乐毕业的音乐家邱广

邱广　1923年毕业于清华，赴美入欧柏林音乐院研究和声学及钢琴，旁及教育。1926年冬毕业于欧柏林大学，转入纽约哥伦比亚大学师范学院音乐教育科，从名师研究单音曲谱、复调谱曲、配器法，并习唱歌，用德语、意语，尤精于德语之咬字法。1928年秋归国，现任南京中央大学音乐系教授，并将从事于音乐创作，研究中国乐器之改良方法。

▶留日华侨小提琴家林树声

▲ 上海音乐会成立纪念。

　　此图片发表于《良友》1926年7月第8期，当时就有音乐会（即"协会"）成立。但它是什么组织，有什么活动等，都需要查考。编者曾就此图片询问过上海的老音乐家，也云无所知。

▲ 夏里亚平在上海演唱。

▲ 夏里亚平夫妇抵达上海的情形。

　　夏里亚平（1873—1938）　俄罗斯著名男低音歌唱家，世界最伟大的男低音，人称"歌神"，1894年进入圣彼得堡皇家歌剧院，以演唱格林卡歌剧《鲁斯兰与柳德米拉》而成名。他音量大，音色淳厚，但缺乏表现能力。1896年离开圣彼得堡来到马蒙托夫歌剧团。1899年离开了那里进入莫斯科大剧院，此时，他增加了独树一帜的表演方法，演唱了《鲁斯兰与柳德米拉》《伊戈尔王》《萨德阔》等作品。1911年9月，因与前当权政府发生冲突而离开俄罗斯，1913年在伦敦演唱《鲍里斯·戈东诺夫》。十月革命后回国，任列宁格勒马林斯基剧院艺术指导，并获得"人民艺术家"称号。

　　1921年，夏里亚平来到大都会歌剧院，一年后为报复俄国政府而出走。俄国当局对此很是懊恼，没收其财产，家人也遭到株连。

　　此后，他凭靠巡回演出维持生活，1936年还曾经到中国哈尔滨和上海、青岛、天津、北京演出。1938年，20世纪最伟大的男低音歌唱大师夏里亚平在巴黎因败血症不治逝世，终年65岁。

良友画报

图说乐·人·事

第八辑
音乐作品

在《良友》发表的音乐作品中，包括两个部分：音乐作品和音乐的文字作品。在音乐作品中，有儿童歌曲、学堂乐歌、通俗歌曲、外国歌曲、教堂歌曲、抗战歌曲和艺术歌曲等。虽然这里没有什么更多的名著，但也反映了20世纪30年代的一般的音乐生活。其中值得一提的是《春恨》，它直接地反映了"南京大屠杀"的内容，殊为难得。至于文字方面，除了马思聪的《童年追想曲》和郎毓秀的《比京学歌记》外，像黄嘉谟和陈歌辛的短文，也是很有意义的。

▲ 儿歌九首

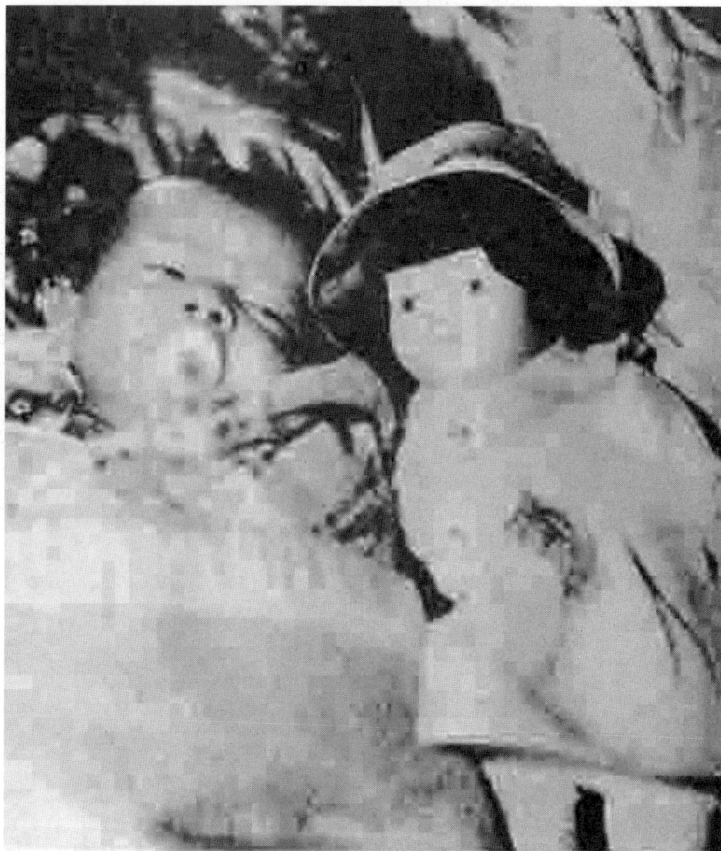

▲ 儿歌《你还睡觉》

G調　　帆　船　　2/4

15 | 10 | 2 3 4 2 | 3 10 | 2 5 | 20 | 3 5 4 3 | 20 |

好順 風　趕快拉起 布篷　水浪 兒　向着船頭 湯

4 4 2 2 | 3 3 1 1 | 2 2 6 6 | 7 5 0 | 15 | 10 | 2 3 4 2 | 10 ||

索隆索隆 索隆索隆 索隆索隆 索隆　一霎 時　行到大海 中

▲ 儿歌《帆船》

G調　　泉　水　　2/4

1 7·1 | 3 1 5 | 1 1 1 7 1 | 3 1 5 0 5 |

深山裏　泉水流　流流流一去　不復回　牠

5 6 5 0 5 | 5 6 5 | 1 3 3 2 1 7 | 6 1 1 ||

急急急　牠　急急急說　光陰催　我　不能留

▲ 儿歌《泉水》

C調　　蟋　蟀　　4/4
1·3 1·3 | 5·i i — | 1·6 6 6 | 1·5 5 — | 5·4 4 4 | 4 3 3 — |
蟋蟀蟋蟀　勸勸你　大家不要　再淘氣　你不要去　侵犯他
5·4 3 3 | 3·2 1 — | 6·7 1 i | 1·i i — | 1·6 6 6 | 1 5 5 — |
他也不要　侵犯你　你們都是　自己人　都是自己　好兄弟
1·6 6 6 | 1·5 5 5 | 5 4 3 2 | 1 — 1 0 ‖
自己兄弟　大家應當　親愛又和　氣

▲ 儿歌《蟋蟀》

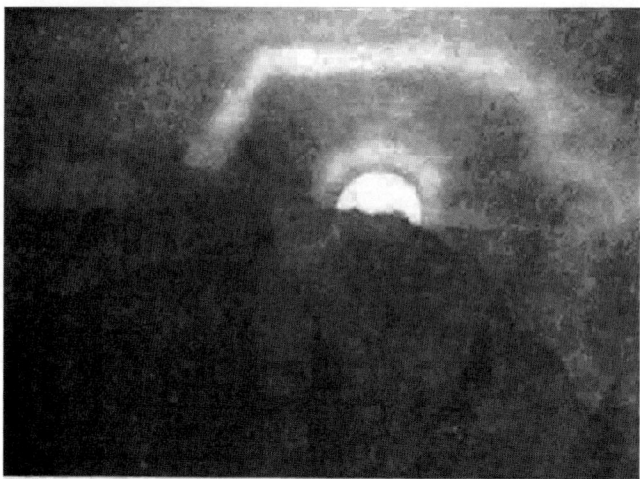

G調　　我們明天見　　4/4
3 3 2 2 | 1 — 5 — | 6 7 1 3 | 2 — 0 |
太陽走到　西　天　露出半個　臉
3 3 4 3 | 2 — 5 — | 1 4 3 2 | 1 — 0 ‖
好像對我　說道　我們明天　見

▲ 儿歌《我们明天见》

G調　　太陽照進我房裹　　2/4

1 1 3 3 | 5 5 3 | 2 2 1 6 2 | 1 6 5 |
園裏雄鷄　喔喔啼　太陽　照到　我房裏

5 5 6 3 3 | 2 1 2 3 | 2 2 5 5 | 3 2 3 ₰
推開　窗子　看一看　進來一陣　新空　氣

▲ 儿歌《太阳照进我房里》

F調　　收穫歌　　4/4

5 | 1-3 1 | 5-5 5 | 1 3 4 5 7 | 1-1 5 | 5-4 2 | 3-
日　出雄鷄啼　大　家趕緊到田　裏　割稻還是請

1 5 | 5-4 2 | 3-1 5 | 1-3 1 | 5-5 5 | 1 3 4 5 7 | 1-0
你挑　担我有力　氣等　到日向　西　大　家回家去休　息

▲ 儿歌《收获歌》

▲ 儿歌《学走》

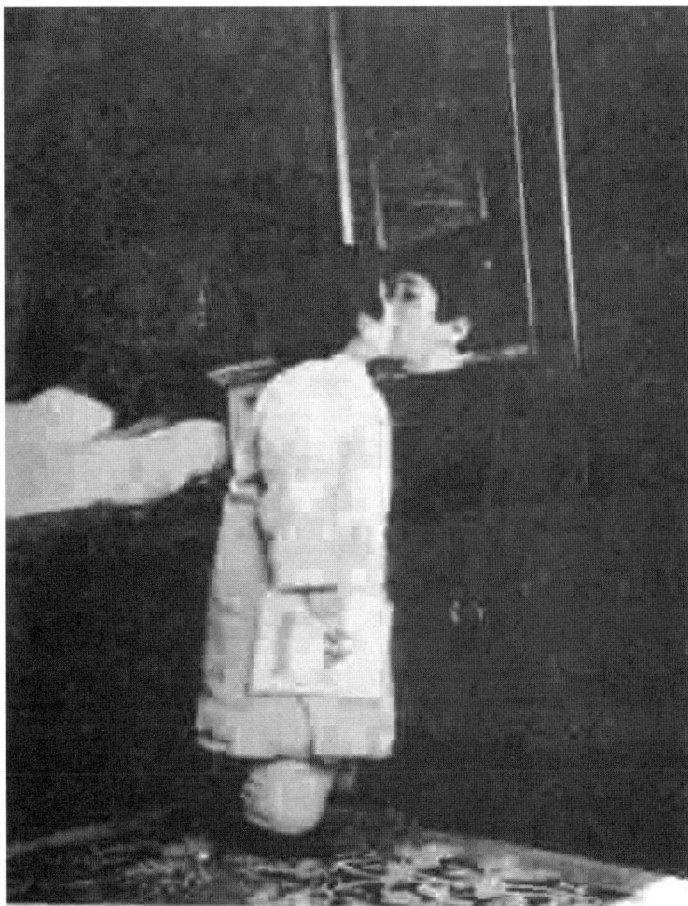

▲ 儿歌《镜》

G調 **泥 娃 娃** $\frac{2}{4}$

邱望湘作

3 5	1	5 1	3	3 3 5 3	1 3 3
泥娃	娃，	泥娃	娃。	每天坐着	不說話。

3 3	1	2 2	6	2 1 7 6	2 2 5
臂兒粗		眼兒大，		貓兒狗兒	都不怕。

3 5	1	6 1	3	1 3 3 5	7 2	1
我家	的，	小妹	妹，	就是他的	親媽	媽。

▲ 儿歌《泥娃娃》

G調 **月 娘 娘** $\frac{2}{4}$

邱望湘作

3 6	5	3 6	5	3 6 5 3	1 6 5
月娘	娘，	月娘	娘，	你的身體	好光亮。

1 3	6	1 3	6	1 3 6 5	1 5 3
我向	你，	行個	禮，	望你趕快	飛下地。

1 6 5 6	1 2	3	2 3 5 6	3 2	1
飛下地來	做遊	戲，	做完遊戲	再分	離。

▲ 儿歌《月娘娘》

黄花岗薤露歌

▲《黄花岗薤露歌》

Uncle Ned
一個黑奴
STEPHEN FOSTER
Moderato
CHORUS
2. His fingers were long like de cane
in de brake, He had no eyes for to see:
He had no teeth for to eat de corn cake,
so he had to let de corn cake be.
2 他的手指細長彷彿予蚋，雙眼不能見東西；
他沒有牙齒粟米餅，因此只好垂變挨肚餓。

▲《一个黑奴》

思鄉一曲，作詞者韋瀚章先生，作曲者黃自先生，黃氏畢業於美國耶路大學音樂系，曾得學校特獎，歸國後譜有懷舊曲序樂一篇，上海工務局伯器氏所指揮之管絃樂團曾公開演奏，國人製曲之經該團演奏者實以黃氏之作爲始。黃氏現任國立音樂專門學校教務主任，及上海工務局音樂委員之職。近與韋氏合作春思曲一集，在商務印書館印行出版，思鄉，即集中之一闋也。

▲ 黄自的作品《思乡》

▲《流水》

李煜詞(後主)
相見歡
李惟寧作曲
(男女四部合唱曲)
Adagio (極慢)
女高音
女低音
男高音
男低音
合唱
鋼琴
林花謝了春紅，太匆匆！無奈朝來寒雨晚來風！
無言獨上西樓，月如鈎！寂寞梧桐深院鎖清秋！
胭脂淚，相留醉；胭脂淚，相留醉，幾時重？
剪不斷，理還亂；剪不斷，理還亂，是離愁！
自是人生長恨水長東！
別是一般滋味在心頭！
cresc. poco a poco
第一次用
第二次用
註編。萬惕能或曲聆年般蘘實緒憤痛溢曲，以譜見詞後將，檢不佚奮知數餘，者刻勤，學華海威週授甯李曲名中
︶者︵一於鑿稍後此聽青一希，情悲沉充全曲之歡相丰李爱點自，淫驕祇多其外苦奮除子華上於來，敎惟家作國

▲《相见欢》

▲《感遇》

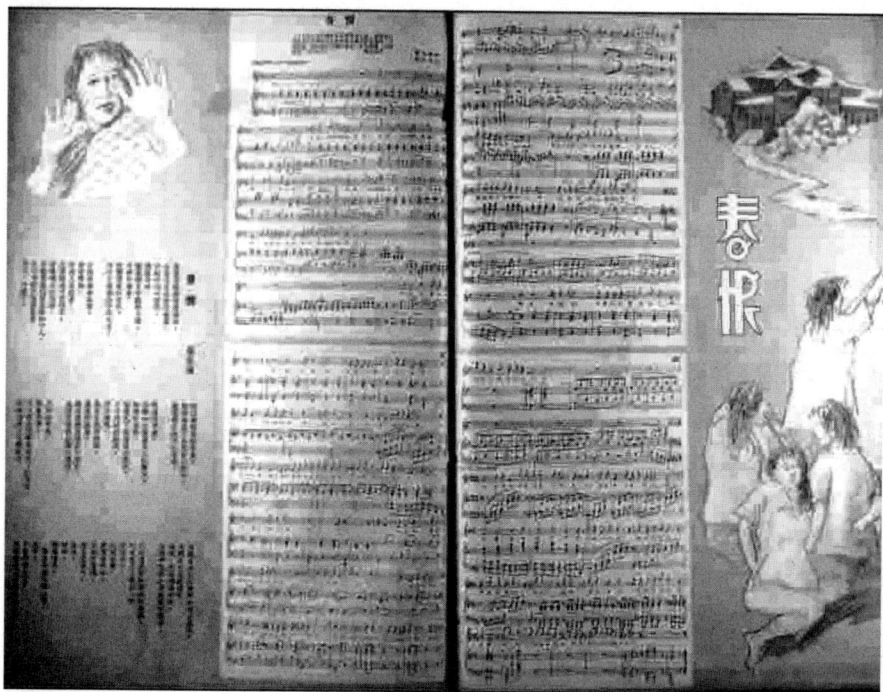

▲《春恨》

《春恨》是一首艺术歌曲。歌词来自当时中央大学校长罗家伦的诗。这首诗的题记说："二十七年三月得读南京美国华女士函，叙述南京金陵女子文理学院内所收容中国女难民惨状，不胜悲恸，回想该院美丽的风景，更加伤感，乃成此诗，以代哀音！"可以说，这首作品间接地反映了震惊中外的南京大屠杀的历史事件。

1937年12月13日，日寇攻占了南京，15日开始持续了一个多月的"南京大屠杀"。早在这年9月，中央大学就开始搬迁往重庆。1938年3月作者读到信，写下这首诗。

作曲者为张沅吉，他是《良友》的副主编。

春　恨

二十七年三月得讀南京美國華女士函，叙述南京
金陵女子文理學院內所收容中國女難民慘狀，不
勝悲慟，回想該院美麗的風景，更加傷感，乃成
此詩，以代哀哭！　　　羅家倫誌

羅家倫詞
張沅吉曲

Larghetto con espressivo

II.

III
寄，料峭的春寒，偏透人不能禦寒的薄衾！
千行洗面的眼淚，任你流吧，我早已沒有
滴滴的簷溜，縱然滴得穿階前的砌石，也滴不掉我心頭的積痕！

▲ 《嘉陵江上》（柳倩词、沙梅曲）

　　《寒衣曲》为刘雪庵作曲。歌词作者为柳倩。据《刘雪庵作品选》中，作品的歌名改为《募寒衣》，共3段词。最初发表在《战歌》1936年2月第2卷第2期。

▲ 《寒衣曲》

▲ 马思聪《童年追想曲》

我的家庭一向和音乐是很隔绝的，亲戚里头想找一位能拉拉胡琴、吹吹洞箫的人是办不到的事，因此我幼年和音乐接触的机会很少。我第一次听见音乐是当我3岁那年在外祖母家里的留声机上，母亲说我那时跟着唱片一齐唱，唱得怪有趣的。

近来我在 *Lavignac* 的一本书中看到小孩子倘有此类情形，便可断定他对于音乐有天聪，可使之习音乐。我7岁时听堂嫂嫂在风琴上弹中国调；不久我自己也学晓了，母亲就买一架风琴给我。记得我那时手细，不能效堂嫂嫂以八度音和奏，我就以三度音代之，现在想起来，这倒比较合于和声呢。

风琴是我的第一个乐器。我9岁入小学寄宿，同学们吹口琴，我也是其中之一。后来我又跟一位中学生学弹月琴；我会背出好几首长不愿绝的粤曲。

民国12年，大哥由法国回来，带回一个提琴，这是我第一次看见的提琴。大哥能弹几首容易的曲子，我觉得比我先前玩那些乐器的声音都美妙得多了。"你高兴学吗？将来带你到法国去学。"大哥随便说出。我很高兴，"我一定去"，我说。其实我高兴的并不全在乎去学提琴，离开学校到外国去看看新奇，这才好玩呢。我才12岁，父母亲的意思都觉得年纪少去不得。可是我是很固执的小孩，以"一定"始就以"一定"终。

起程之日到了，小船把我们送上大船，小船又把送客送回去。失了魂似的我立在甲板上望着近山远山，望着阴天，望着海。我在想：这海将更辽阔，无涯，远，远。我便是这样如梦地离开了祖国。

我们在大雪之日到法国，巴黎给我童年的第一印象，只是黑房子、雪和雾。一切先前的兴采都消失了，这是寂寞加上荒凉，但并不回头想回国去。

我们先到方登白露（Fortaineblean）住。大哥给我请一位女教师，这是我第一位教师。我还记得我很看不起她的提琴。琴上全胶满黑墨墨膏药似的东西。后来我才明白这黑墨墨的膏药是用来把琴装饰得旧一点，因为旧琴才值钱。

她拿起弓，放在A弦上，来一个下弓——"敢啥！"她说。我学了。"谢啥。"

我立刻明白"敢啥"一定是"这样子"，"谢啥"即"就是这样子"。这是我最早懂得的法文。

"敢啥"时代继续两个月，进步是很微的。我们迁居到巴黎东边一家Pension de Famille。我住一间大房子，阴沉沉的，那张床之大足任我横睡直睡。大哥住在另外一房子里，不大理我。我整天禁在房子里，琴还未弹到能引起兴趣的程度，法文书当然也不会看，无聊得太要命就拿皮球对墙拍几下，这算是我唯一的消遣了。在巴黎请的也是一位女教师，她很严，进步也似乎快些。一天总算弹得三个钟头。

如此者半年，于是又迁居。这回大哥送我到一家法国人家去住。房东是位70多岁的红鼻子，也即我的法文先生。提琴先生又换一位，总算不阻止我进步。因为整天说法文，两个月的时间已把法文说得很流利了。后来提琴教师又换一位，是毕业于巴黎音乐院的女教师，这是第四位了。记得有一次在大雨倾盆之下我骑单车到她家里上课，我全身湿淋淋。她看到我的情形，又不能不让我进她屋子里，我所经过的地板直像一条河流。她那副"大祸临头了，救救命！"的神气，真使我过意不去。

——"你为什么不穿件雨衣呢？"她问。

——"我这样已足了。"我说。

真的原因还是在乎我童年时一股傻气，我要做一个天不怕地不怕的好汉，无论冬天夏天，晴天雨天，只限穿两件衣，大雨也是照常出入，冬天洗冷水澡。结果并不伤风，也不病倒，身体却非常壮健起来。

很早我就有所谓创作欲。少时崇拜项羽，便作了一首命名曰《楚霸王乌江自刎》的提琴独奏曲，还有一首名曰《月之悲哀》，是取义于同名的一篇童话的。

在红鼻子先生——忘其名姑以此代之——家里住了一年，觉得还是入学校好。我便去投考曩西音乐院，却很不费力地便考入高级。我的教师是一位美须公，短小而好说笑话。师母有一对奇怪的眼睛，倘生为金鱼，必是标准美鱼。我们同班14人，因为教师爱说笑，我们上课很舒服，随便谈话，做鬼相都不禁止的。和后来在巴黎音乐院的严肃真大不相同了。必修科除提琴外尚有视唱、乐理和室乐，我更选箫为副科。

我加入音乐院，给学校一件意外的新奇，校长也颇感到兴趣。因为我音弹得颇准，有一天他问我："是不是你们中国人的耳朵是特别好呢？"我说："恐怕是吧。"其实我夸口，若其然，则中国乐器早该准了。

我住在一位老妇人的家里，大女行近30，擅钢琴，次女擅理家务。因为大女常和我合奏，我就到一家音乐商店租乐谱。在整个半年中，提琴的书籍几可说给我搜罗殆尽了。

生活开始有生气起来，课是很多，计起来每星期的提琴课到学校上二课，到先生家里上二课，视唱三课，箫第二课，钢琴二课，法文每天都有。同学们对我都很好，他们都爽直而且快活。

　　回想起来，我在曩西音乐院所得的益处，与其说是质方面，则不如说是量方面的，论提琴则弓的运用是错误的，钢琴算起了头，箫只吹了两个月，最得益的要算视唱和乐理。罗特先生在我看来可说是音乐院最好的先生了。我永忘不了有一次在音乐院的预奏时，我司理着打三角（Triangle）的职务，他在吹着喇叭，忽然他把贝多汶第五响乐的命运主题向我耳边猛吹几下，我的耳膜猛受震动，倘不是命运对我还算不坏，我必被贝多汶收去作他的聋徒弟了。

　　我至今还爱好着曩西城，它的安静是最令人回忆的。园内的树高到好像要顶到天，这是我在任何别的公园所见不到的。曩西的居民大多是良善的天主教徒，这和巴黎有很大的分别。提起巴黎人，谁都知道是代表无乐不享的人。曩西居法国东北部，冬天天气比巴黎要冷些，我的"二衣主义"还保持着，零下20度没有使我投降，我的窗门是永远不关的。房东们号我的房子曰"冰箱"。

　　大考到了，我弹 Paganini Concerto，这是一次对着一大厅人演奏。许多人说第一次演奏会慌到脚也立不住，我可没有这样的感觉。大考的结果我得最优第二奖，这于我并没有什么高兴，因为究竟我已不大看得起曩西音乐院，更信任不过我的提琴教师，我便决意回巴黎去。

　　回到巴黎，毫无头绪，拜哪一个师父呢？一位法国朋友介绍他的多年老师，Oberdoerffer 先生，是巴黎国立歌剧院的提琴独奏者。我见他时弹 Lalo Symphonie Espagnole，他听了，表示非常的兴趣。他说："表情好，技巧上许多是差误的。"这技巧的差误大部分在于右手执弓之方法，小部分在左手的指头上。我很快便改好了。我来法国这是第三年，此回才得一位正派的教师，把我从歧途改转来。幸巧还改得早，倘若再过几年，差误深了，改转来要比从头起首还要困难。在此奉告习提琴者，首先须从学于正派的好教师，不然把一个差误弄坚固了，其害处是把光阴白花在绝路上。

　　Oberdoerffer 先生是我的第五位教师，我现在回想：倘若我初到法国即就学于一位好的教师，我必可把时间省一半。从学于 Oberdoerffer 先生，使我在技巧方面和表情方面都突然向上。Oberdoerffer夫人更是我的钢琴教师，她也是颇好的钢琴家，且是第一流教师。从此时起，我的时间大部分专工于提琴，每天约弹6小时。当我从他学了半年，他正给我预备投考巴黎音乐院，我颈的一块起初不令人注意的瘤渐渐长大起来，到后来，竟成了弹琴的阻碍物。医生说须立刻停止弹琴，到Berck海滨去医治，那里的空气是适合此症的。

　　Berck是一处很大的海滨，沙滩广阔无际：那是骨病病人的大本营，他们大都卧在马车上，自己驾马。夏天，无病的人也来避暑，各处的客店都有人满之患。白天里，人们穿着游水衣，千千万万聚于沙滩。我和我的哥哥到了只两天，便和许多青年好汉交结，不久我们的队伍增至10人，这样已足有打平天下之势了。这暑假是幸福的，过节似的日子，回首起来，那才觉

得万分眷恋。

暑期完了，避暑的朋友们先后离去，Berck 的人口减其大半，末了，我发觉自己独住在"隐士"客店里。

孤独。沙滩上只剩我一个人。随着海滨我行到很远去，那边简直是大沙漠。这边是大海，海涛不停地涌着，尤其是冬天，北风像鬼一样呼号，卷起沙石，把海气带上岸来。没有一个时期，给我如此多量而且细心地看落日、月和星辰。这个时期给我的印象非常深，直到现在，我常常回想到当日的情景。

因为弹不得提琴，我就专工于钢琴，我到一位先生去上课。法文我也有一位教师。我更到一家书店借书看。半年间我看书的量数不少，质也好，因为向来看书非名著不看，现代和古代的都是一样看待。

我在 Berck 一共住了 9 个月，虽然提琴是毫无进境，但在另一方面看，我自觉是颇有所得的。现在拿起 1927 年的小日记看，觉得颇有趣味。

12 月 27 日（星期二）的日记中有如下的一段：

"早餐。十时到不仑牙上第一次和声学课。大雪。路上只见渔人和咖啡馆。天气怪阴沉的。课后，出了噩梦样回 Berck。啊，坏天气！大风，大雪，寒冷。"

这是我留在 Berck 最后一天，次日我就回巴黎，重到 Oberdoerffer 先生家里上课。一直至暑假又过了，我便考入巴黎国立音乐院 Boucherif 先生领导的提琴班，这回我又作了第一个考入此音乐院的黄种人。我永远感谢 Oberdoerffer 先生，我所得的直接或间接多由他所赐，后来从 Binenbaum 先生学作曲，也是听他的主张。我的提琴和钢琴奏鸣曲谨献给他，藉以感谢他。

后记：

国亮先生要我写一篇关于我学音乐的经过，尤其讲及我初学音乐时的吃苦情形，我说："我并未吃过什么苦，怎么好写呢？"他说："那也不要紧，你写就是了。"读者想必也嫌我没有吃苦吧，我也自引为憾。聊以自慰者却是幸而没有到外国去白花岁月而已。

比京學歌記

郎毓秀

經過了約一個月的時間，（一九三七年十月中）我們所乘的意郵船 Conte Biancamano 由滬抵達了熱那亞碼頭，趁巴黎的火車，要到黃昏時才開，我們於是有整個下午的時間可以暢遊這座相當古舊的城市，我們所走到的地方，至少有十五六個男女孩子們圍着，有些竟跟着我們跑馬路，大概他們極少見到中國人，所以都奇怪地看着我們，我的心裏或疑着他們，究竟對我們有何印象，—果我在他們的語氣中覺得甚很和氣的好奇罷了。這小城市是築在一座小山上，高高低低的街道，好似香港，電車是圍繞着山道開行，我們坐了遊遊一圈，風景多很幽靜。在那裏最使我滿意的可說是飯店中小圓形的麵包新鮮而可口，我們簡直連魚肉都不想吃，紙顧嚼着小麵包。那意大利菜場，也知道我們的口味，一碟一碟的燒送上來。

坐上夜車第二日，清晨就到了巴黎，那時街道店面還關着，清靜得很，去找到了一位同船的親戚，帶着我們去一咖啡館吃了早點，那是在拉丁區，可說是學生區，因這一區住的多數是大學生，房租也便宜，學生們在歐洲，生活都很舒適，因爲多處都有俾待學生的辦法。

巴黎的咖啡店，多如牛毛，一條小小的街，至少也有四五家，甚至有二三家接連着，喝杯咖啡或酒，可由你坐很久的時間，店內並備給紙筆，所以有許多學生們都喜歡坐在那裏工作，並有許多閒着的人們，坐着看街道上來往的行人，我奇怪他們如此空閒的坐過一天，什麼也不做，動靜的知又特別的動會。晚間十二時的巴黎，正似白天一樣，行人多極，在那兒，他們以每天二十四小時計算，所以下午一時，都說十三時。

在巴黎我們的三日中，正遇着是法國博覽會，可惜時間不夠，祗去了兩次，不能看全，因那時已十月中旬，各校都已開學，我急着趕往比國進學校，法國的博覽會中，各國都參加展覽，唯有我國，獨付缺如，我等在巴黎又去參觀蠟人館，那是很有趣的，一進門就有哈哈鏡，使我們大笑，那些蠟人，惟妙惟肖，都排坐在櫥窗內，有電影明星，有當代偉人在聽堂沙發上，有蠟人坐着看報，大家都以爲是真人，這蠟人館並沒有窗可以透進天然光線，全是用燈光照着，所以有些陰沉的氣象，假如一個人單獨在裏面，真有點害怕。到了裏面一間，我正對着櫥窗稍看，旁邊却也有一個較高的女子，在我前邊個有身看，一直沒有移動，上面我走近細身邊細看時，才知也是個蠟人。

到了比國，朋友介紹住在一家四人的小家庭裏，因言語不通，鬧了許多笑話，幸虧房東夫婦，兩個能懂英文字，一會兒做手勢，或加一個英文字，和他們過了一個月，倒也相處得很安，一切照顧均極週到，但爲了離音樂院太遠須四十分鐘電車，並且房租很貴，洗澡又須外出，太不方便，一月後搬在近音樂院的一女子公寓中住了。

爲了皇家音樂院正式招考已過期，我到比利士的第五天，就祇在校長及選定的聲樂教授前考試，考取了高級的聲樂班，初級是由助教教的，聲樂班的必修課，祇有樂理視唱練耳及 Diction（讀的法文字，發音規則，及法國詩詞等），爲了言語關係，第一年我沒法入班，另外我讀鋼琴伴奏班，也不似學琴一樣，不過同時要彈些伴奏，有時試練看譜。

伴奏於我們學唱者是需要的，使自己練唱時，得到許多便利，一星期約上二十個鐘點的課，聲樂班學生並須入合唱班，每星期一次，這也就是我們音樂院內的合唱隊，除了我們這隊正式受着聲樂訓練外又須上合唱隊，約五十餘人，合唱隊中，男生祇女生的四分之一，有此外比京另有一個人數較多的業餘合唱隊，有五十歲左右的老年男女隊員，在內興高采烈的唱着，這精神是可佩服的，他們每年約與兩三次音樂會，我們的合唱隊，也時時出席參加。

皇家音樂院內，學生有六百多人，學鋼琴的較多，學唱的較少，外國的學生，程度也參差不齊，課室約有二十間，其寬敞，每室都有大鋼琴，除了可容約一千餘人的大禮堂外，並有一個二百座位的小禮堂，學校內並有圖書館，學生可隨時借書及樂譜等作參考，還有飯店，以便則遠來上課的學生留着吃午飯，平時課餘，還可去喝杯茶，吃些點心，價錢較外面要便宜四份之一，這小飯館也就成了我們學生休息談笑的俱樂部了，在工作之餘和我來往的歐洲同學極多，她們都極真誠爽快，所以我在歐洲的幾個學期中，很少有感到寂寞的時候，工作時亦總極興奮，底埋之律，更合乎求學的人們。

我們的皇家音樂院，自已有一個很考究的音樂廳，和上海的蘭心戲院差不多，共有四層樓，在歐洲的戲院，都是好幾層的，最高票價甚廉，除了電影院最多二層外，此戲院在比京城內較爲正式，大規模的音樂廳，不過兩個，最大的是 Palais des Beaux arts 內的大禮堂，這 Palais 內還有較小的音樂廳，及電影院等，其次就是皇家音樂院，一星期至少約有三次開音樂會，在歐洲學生們，除了考試時公開外，（加在音樂院的大禮堂舉行，爲了恐亂秩序，故須憑入學證）學生們未畢業前，是不許出外演奏的，所以在音樂會公演中，雖有成績不甚高妙的，但也不致與標準相差過遠。我們在音樂院的學生們，時常可得免費票去聽音樂會。

比利士唯一的歌劇院，每晚演不同的歌劇，有一個四座的包廂是免費給我們音樂院學唱者所享受，每個學生照規每月可去二次，先在學校內領得入場券，然後至戲院，院內表演者的藝術，有的也不過如此，祇有我國 Lily Pons 一次最爲滿意，當然全世界很少幾人是數一數二的角色，但是縱使總到第一等的，於學者也不無有益，所以我們上唱時，都全集在一教室。輪流着上課，也是這理由，我們的視唱練耳北樂理的教授，還是個三十許年輕小姐，她也是比京城的高音，每星期我們有六小時在一起，同班共約有二十人，全是女生，她也是個和氣可親的教授，每年將放暑假前都發起着帶我們一班去別省遊一天，（以前畢業的也被約同去）比國封最遠的一省，也不過二三小時，正似我們由上海赴蘇州一樣，另外又請我們全班去喝茶，在她家我們玩着各種遊戲，當我在她班上畢業的一天，她擁抱着，叫着中華民國萬歲，其餘的同學也齊聲而呼，因爲我得了全校第一，那時的我，好像忘了自己，耳邊祇叫得中國二個字，我是多麼的驕傲着是個中國人呵！

必修課的考試，和主課考是不同的，必修課考時，祗有校長和教授在座，是由校長決定，同時教授將學期分數，及學生們的平時功課報告交上，最後須二獎祇是得分數最多的算頭一獎了，不過校長可加上 Avec grande satisfaction 等等，不滿十二分的須再讀一年，第二年再考，共有三次的機會，若第三次再不及格，就要取消，因此於主課也有價，不能繼續，入考集齊，那是教授以你資格預先決定。

主科的考法，各科全是一律的，聲樂及各樂器先由教授決定，你有資格加入考試，須預備一個月，練習曲及一種技巧的曲，在公衆考前一個月，先經過一技巧考由各處請來陪位評判員，連校長共六七位，教授不在內，有的是巴黎請來的，有是本國別省的，由評判員們給分，分數及格的，就准許加入公衆考，這技巧考後的一個月中，就預備公衆考的曲目，共五首，歌劇 Opera 二首，Classic 一首，Melodie 二首，考時，和平時舉行音樂會一樣，學生們穿着禮服上台，不過第一排是評判員坐位，學生們既有了資格加入這公衆考試，就不會落選，不過就是得獎的分數不同，但也絕對沒有第一次考，就得頭獎的，除非已在別處得過二獎，還得看這二獎和音樂院的是否差不多，因音樂的成功，也是一步步來的，就是怎麼有天才，要少那些技巧等，總得訓練出來，頭一次能加入公衆考試，就是學生知道自己已經高了一級，進步了，公衆考得獎的規矩是極簡便，評判員們合攏的分數，加上技巧考得的分數，滿二十五分是獎，滿三十分是二獎，滿四十分的是頭獎，得頭獎都是已在前一年得過二獎的，若這一年仍考得二獎，這學生就是一年中沒有進步，所以每年並不限一名頭獎，凡是同分數的，都是頭獎。

我們黨依斯小姐(Prof. Thys)班上，共有十二學生，每班最多十二人，每星期二次，由午後二時至五時，一星期每學生祗唱半小時，爲了要進步快些，差不多每個學生都跟教授多上一小時個別課，我教授是比京數一數二的高音，(Dramatic Soprano)年約四十左右，她永遠是現着笑容，說話時更是和氣，她那仁慈的態度，使我們都自願勤奮從學，她的教授法之妙，難以形容，所有的難題，她總很簡便的給我們解決，我個人所得到的，不知怎樣的表示對她的謝意，她平時笑容可掬，對學生上課，却極認真，我們學生絕對不因此而變成頑皮，她那笑容內帶着莊嚴，使我們敬而愛之，但在課餘，她很會說笑，講起來比我們還淘氣，她非但是我們學唱的教授，而且還使慈母一般的關懷我們一切，尤其是遠離祖國的我，她使我竟有時忘了是在異鄉。

去年五月中因比利士牽入戰爭旋渦各事停頓，距考期僅提前星期，就放棄了回國，實使我痛很莫加，父親在一九三九年九月，法國開戰時，就電促回國，那時我還在巴黎度假，既離得比利士一切照常，當然我仍可繼續求學，十天後火車通了，我就立即又回到比京，但以後父親每來信總是擔心着歐戰延長，要我返國，我怎捨得學業半途而廢呢，曾經給我父親信說，讓我觀耳總得了幽聲再回來吧，果然五月十日，清早五時，我被高射炮及炸彈聲驚醒，便無法再等六月底的公衆考試了。

爲了戰爭，學校也停課了，我也就逼着離開了比京，臨別當我教授抱着我的時候，我的心跳着，想著這戰爭是多麼無情呀。

▲ 郎毓秀《比京学歌记》

　　经过了约一个月的时间，（1937年10月中）我们所乘的意邮船Conte Biancamano由沪抵达了热诺亚码头。赴巴黎的火车，要到黄昏时才开，我们于是有整个下午的时间可以畅游这座相当古旧的城市。我们所走到的地方，至少有十五六个男女孩子们围着，有些竟跟着我们趟马路，大概他们极少见到中国人，所以都奇怪地看着我们。我的心里怀疑着他们，究竟对我们有何印象！毕竟在他们的语气中觉得是很和气的好奇罢了。这小城市是筑在一座小山上，高高低低的街道，好似香港，电车是围绕着山道开行，我们坐了周游一圈，风景多很幽静。在那里最使我满意的可说是饭店中小圆形的面包新鲜而可口，我们简直连鱼肉都不想吃，只顾尝着小面包。那意大利茶房，也知道我们的口味，一碟一碟地递送上来。

　　坐上夜车第二日，清晨就到了巴黎，那时街道店面还关着，清静得很，去找到了一位同船的亲戚。带着我们去一咖啡馆吃了早点，那是在拉厂区，可说是学生区，因这一区住的多数是大学生，房租也便宜，学生们在欧洲，生活都很舒适，因为多处都有优待学生的办法。

　　巴黎的咖啡店，多如牛毛，一条小小的街，至少也有四五家，甚至有二三家接连着，喝杯咖啡或酒，可由你坐很久的时间。店内并供给纸笔，所以有许多学生们简直整日坐在那里工作，并有许多闲着的人们。坐着看街道上来往的行人，我奇怪他们如此空闲的坐过一天，什么也不做。勤俭的却又特别的勤俭，晚间12时的巴黎，正似白天一样，行人多极。在那儿，他们以每天24小时计算，所以下午1时，都说13时。

　　在巴黎耽搁的三日中，正遇着是法国博览会，可惜时间不够，只去了两次，不能看全，因那时已10月中旬，各校都已开学，我急着赶往比国进学校。法国的博览会中，各团都参加展览，唯有我国，独付缺如。我等在巴黎又去参观蜡人馆，那是很有趣的，一进门就有哈哈镜，使我们大笑。那些蜡人，惟妙惟肖，都排坐在橱窗内，有电影明星，有当代伟人在厅堂沙发上，有蜡人坐着看报，大家都以为是真人。这蜡人馆并没有窗可以透进天然光线，全是用灯光照着，所以有些阴沉沉的气象，假如一个人单独在里面，真有点害怕。

到了里面一间，我正对着橱窗细看，旁边却也有一个较高的女子，在我前边侧着身看，一直没有移动。上面我走近她身边细看时，才知也是个蜡人。

到了比国，朋友介绍住在一家4人的小家庭里，因言语不通，闹了许多笑话，幸亏房东夫妇，稍懂几个英文字，一会儿做手势，或加一个英文字，和他们过了一个月，倒也相处得很安，一切照顾均极周到，但为了离音乐院太远须40分钟电车，并且房租很贵，洗澡又须外出，太不方便，一月后搬在近音乐院的一女子公寓中住了。

为了皇家音乐院正式招考已过期，我到比利时的第五天，就只在校长及选定的声乐教授前考试，考取了高级的声乐班。初级是由助教教的，声乐班的必修课，只有乐理视唱练耳及Diction（读的法文字、母音规则及法国诗词等）。为了言语关系，第一年我没法入班，另外我选钢琴伴奏班，也正似学琴一样，不过同时要弹些伴奏，有时试练看谱。

伴奏于我们学唱者是需要的，使自己练唱时，得到许多便利。一星期约上20个钟点的课，声乐班学生并须入合唱班，每星期一次，这也就是我们音乐院的合唱队。除了我们这一队正式受着声乐训练外又须上合唱队，约50余人，合唱队中，男生只据女生的四分之一，此外比京另有一个人数较多的业余合唱队，有50岁左右的老年男女队员，在内兴高采烈地唱着，这精神是可佩服的。他们每年约开两三次音乐会，我们的合唱队，也时时出席参加。

皇家音乐院内，学生有600多人。学钢琴的较多，学唱的较少。外国的学生，程度也参差不齐。课室约有20间，甚宽敞，每室都有大钢琴，除了可容1000余人的大礼堂外，并有一个200座位的小礼堂。学校内并有图书馆，学生可随时借书及乐谱等作参考。还有饭店，以便别处来上课的学生留着吃午饭，平时课余，还可去喝杯茶，吃些点心，价钱较外面要便宜四分之一，这小饭馆也就成了我们学生休息谈笑的俱乐部了。在工作之余和我来往的欧洲同学极多，她们都极真诚爽快，所以我在欧洲的几个学期中，很少有感到寂寞的时候，工作时亦总极兴奋。环境之佳，更合乎求学的人们。

我们的皇家音乐院，自己有一个很考究的音乐厅，和上海的兰心戏院差不多，共有4层楼。在欧洲的戏院，都是好几层的，愈高票价愈廉，除了电影院最多二层外。此戏院在比京城内较为正式、大规模的音乐厅，不过两个，最大的是Palais des Beaux Arts内的大礼堂，这Palais内并有较小的演讲厅及电影院等，其次就是皇家音乐院，一星期至少约有三次开音乐会。在欧洲学生们，除了考试时公开外（即在音乐院的大礼堂举行，为了恐乱秩序，故卖票入座），学生们未毕业前，是不许出外演奏的，所以在音乐会公演中，虽有成绩不甚高妙的，但也不致与标准相差过远。我们在音乐院的学生们，时常可得免费票去听音乐会。

比利时唯一的歌剧院，每晚演不同的歌剧，有一个四座的包厢是免费给我们音乐院学唱者所享受，每个学生照理每月可去二次，先在学校内领得入场券，然后至戏院。院内表演者的艺术，有的也不过如此，只有我听Lily Pons一次最为满意。当然全世界很少几人是数一数二的角色，但是纵使听到次一等的，于学者也不无有益，所以我们上唱时，都全集在一教室，轮流着上课，也是这理由。我们的视唱练耳并乐理的教授，还是个30许年轻小姐，她也是比京城的高音，每星期我们有6小时在一起，同班共约有20人，全是女生，她也是个和气可亲的教授，每年将放暑假前都发起着带我们一班去别省游一天（以前毕业的也被约同去）。比国到最远的一省，也不过二三小时，正似我们由上海赴苏州一样。另外又请我们全班去喝茶，在她家我们玩着各种游戏。当我在她班上毕业的一天，她拥抱着，叫着中国万岁，其余的同学也齐声而叫，因为我得了全校第一，那时的我，好像忘了自己，耳边只叫得中国二个字，我是多么的骄傲着是个中国人呵！

必修课的考试，和主课考是不同的，必修课考时，只有校长和教授在座，是由校长决定，同时教授将学期分数及学生们的平时功课报告交上，并没头二奖，只是得分数最多的算第一罢了，不过校长可加上Avec grande satisfaction等等。不满12分的须再读一年，第二年再考，共有3次的机会，若第三次再不及格，就要取消，因此于主课也有害，不能继续，入考与否，那是教授以你资格预先决定。

　　主科的考法，各科全是一律的，声乐及各乐器先由教授决定。你有资格加入考试，须预备一个月，练习曲及一种技巧的曲，在公众考前一月，先经过一技巧考，由各处请来几位评判员，连校长共六七位，教授不在内，有的是巴黎请来的，有是本国别省的，由评判员们给分，分数及格的，就准许加入公众考。这技巧考后的一个月中，就预备公众考的节目，共5首，专论声乐，2首Opera、2首Classic、1首Melodie。考时，和平时举行音乐会一样，学生们穿着礼服上台，不过第一排是评判员座位。学生们既有了资格加入这公众考试，就不会落选，不过就是得奖的分数不同，但也绝对没有第一次考，就得头奖的，除非已在别处得过二奖，还得看这二奖和音乐院的是否差不多。因音乐的成功，也是一步步来的，就是怎么有天才，至少那些技巧等，总得训练出来。第一次能加入公众考试，就是学生知道自己已经高了一级，进步了。公众考得奖的规矩是极简便，评判员们合拢的分数，加上技巧考得的分数，满25分是褒奖，满30分是二奖，满40分的是头奖。得头奖都是已在前一年得过二奖的，若这一年仍考得二奖，这学生就是一年中没有进步，所以每年并不限一名头奖，凡是同分数的，都是头奖。

　　我们戴依斯小姐（Prof. Thys）班上，共有12学生，每班最多12人，每星期2次，由午后2时至5时，一星期每学生只唱半小时。为了要进步快些，差不多每个学生都跟教授多上1小时个别课。戴教授是比京数一数二的高音（Dramatic Soprano），年约40左右，她永远是现着笑容，说话时更是和气，她那仁慈的态度，使我们都自愿勤奋从学，她的教授法之妙，难以形容，所有的难题，她总很简便的给我们解决。我个人所得到的，不知怎样的表示对她的谢意。她平时笑容可掬，对学生上课，却极认真，我们学生绝对不因此而变成顽皮。她那笑容内带着庄严，使我们敬而爱之，但在课余，她很会说笑，顽起来比我们还淘气。她非但是我们学唱的教授，而且还像慈母一般的关怀我们一切，尤其是远离祖国的我，她使我竟有时忘了是在异乡。

　　去年五月中因比利时牵入战争旋涡各事停顿，距考期仅几个星期，就放弃了回国，实使我痛恨莫加。父亲在1939年9月，法国开战时，就电促回国。那时我还在巴黎暑假，既听得比利时一切照常，当然我仍可继续求学，10天后火车通了，我就立即又回到比京。但以后父亲每来信总是担心着欧战延蔓，要我返国。我怎舍得毕业半途而废呢，曾经给我父亲信说，让我亲耳听得了炮声再回来吧，果然5月10日，清早5时，竟被高射炮及炸弹声闹醒，便无法再等6月底的公众考试了。

为了战争，学校也停课了，我也就逼着离开了比京，临别当戴教授抱着我的时候，我的心跳着，想着这战争是多么无情呀。

▲ 黄嘉谟《中国歌舞剧的前途》

歌舞剧是大战后的一种新兴事物。急拍子的爵士音乐造成她的成功，从纽约四十二街上散播她的律动的造型。有声电影的完成更加助成歌舞剧的权威，使她跟着软片传播到世界的各大城市去。

上海，这个给太平洋风浪所激荡着的东西的都会，自从福斯影片公司的有声影片《群芳大会》(*Fallies of 1929*)公映之后，便感觉到歌舞剧的需要了。最初由作曲家黎锦晖先生领导下的明月歌舞剧团算是最早的组织，这剧团虽然寿命不长，但是他的数千支歌曲和歌舞剧的影响确很不小。其后由明月蜕化而成的新月歌舞剧团，又由新月蜕化而成的新华歌舞剧团，成绩都远不如前。

此外比较有长久组织的有两个梅花歌舞剧，一个是明月嫡系的魏萦波领导而专跑南洋和华南各码头的，另一个据说是专跑长江各码头的（曾经深入重庆）。这两个"开码头"的梅花歌舞剧团，她的歌舞的技术设备虽然样样因陋就简，可是总算是中国破天荒的旅行歌舞剧团，他们带了几十个青春少女到中国内地和南洋群岛去，以最新的舞技和雪白的大腿出现在文明落后的低级观众之前，这尝试居然取得一般的欢迎。在收入方面据说都有可观的。

歌舞，和其他的新事物一样。一到中国来便马上走了样，好好把的造型艺术恶化了，成为浅薄无聊的牟利工具。配奏着一些淫词小曲，以酥胸大腿号召观众为目的，无怪孙传芳在沪时曾下过手谕查禁"不穿裤子的姑娘跳舞"。在平津和中部也时常遭受到当局的驱逐。现在流落时大世界新世界表演的还有此辈的踪迹。

最近自梅花少女歌舞剧团内讧解体之后，这仅存的新华歌舞剧团也成强弩之末，物质人才远不如前，观众的眼光提高了，不能餍足于这班贫血症的歌舞剧团了。好莱坞疯狂的歌舞巨片给中国人的眼界扩大了，《四十二号街》《歌舞升平》《华清春暖》《奇异酒店》和《花月争辉》，一片一片地，都像是给观众的眼睛吃的冰淇淋一样。美国著名的"万花团"Macus Show歌舞班到沪港一番，受到观众狂热的欢迎。该班的规模虽不及银幕上所演出的那么伟大，但已算是到过东亚而组织最健全的歌舞班了。在这里告诉我们说歌舞虽然被利用为一种商品，但她自身仍旧需要着有健全的艺术表现的成份。物质上的设备、技术和人才、歌曲音乐的创作，样样都应有优美的配置，适合于一般人高尚欣赏的水准。要达到这样目的，便非有雄厚的资本和从长的计划不可。

自电影事业发达之后，使舞台剧受了致命伤，可是歌舞剧却依旧能够兀然存在。可见这种律动的造型艺术，仍旧为现代都市所需要。不过自有电影勃兴以来，歌舞片得到软片发声的发明，居然风靡世界，引起了电影观家的认识与欢迎，对于在舞台上演出的歌舞剧团多少受到影响。可是在另一方面看来，也未尝不是歌舞剧团经营者的喜讯。第一点，歌舞剧可以和电影界合作，增加一条活动的出路。例如美国初期的歌舞声片，几乎全部是和歌舞剧团合作的。第二点，一般没有看过歌舞剧的观众由歌舞片上开始认识了歌舞剧的美点，他们都对于歌舞剧发生了热烈的景慕，他们都渴望着看到真的歌舞的上演剧。所以歌舞片的放映无异是给歌舞剧团作为广告的样片。一旦真的歌舞剧团的演出，更容易吸引观客了。例如万花团的组织和规模虽比不上一般歌舞片的伟大，而中国的观众却是争先恐后地先睹为快，虽然付出数倍的代价亦无所惜，可见歌舞剧团的存在性仍旧是隐固的。

在中国，截至今日为止，仅有寥寥几个小规模的歌舞剧团出现在上海和北平，而且组织简陋，人才缺乏，经济物力的贫困，时常显出朝不保暮的状态。偶有几个略可造的歌舞人才，都给求才若渴的电影界吸收了去。这是中国歌舞剧界的不幸。

可是中国所需要的歌舞剧团，绝不是如目前这种简陋的组织。除了资力和人才以外，还需要有伟大的艺术创作力的设计家，创造一种东方色彩的现代歌舞剧，创作一种值得世人欣赏的现代东方歌曲，屏绝一切浅薄的模仿以及藉酥胸大腿迎合低级趣味的动机。歌舞剧是艺术的综合，她自身有着永久的存在价值，她永远是一种高尚的造型艺术。

中國之新型舞踊劇

▲ 8-48

《罂粟花》曲注

陈歌辛

幕开，是田园和耕种的歌。农妇们为大地的收获而欢舞。接着是一阵暴风雨。罂粟花的狗跳出来找插身的土地。终于罂粟花及其兄，及其帮凶走着"三位一体"的行列出来。两条狗报告了"主子"，使他们开始大地的骚扰；拔去了米麦、高粱、大豆的种物而以罂粟花替代之。得意的行列，"庆功"的跳跃。可是大地的子女们哭了；农人受到毒刑，在行凶者"凯旋"中农人们昏了过去。

大地的女儿出来找到了为保护自己的土地而受了伤的战士，以"大地的爱"的歌唤醒了他们，重耕那荒芜了的园地。

大地的盗贼们又来，眼见农人们又把春天夺回了。强盗们的暴怒和进攻，农人们在他们的号角声中起来，给于进攻者坚强的抵御。强盗们动摇了，走狗当然也逃不出去。农人们为着大地的胜利而歌，罂粟花倒在地上，帮凶者溜之大吉。舞台下的群众和台上齐唱起《终曲》来。

附录：图片出处目录索引

第一辑　音乐教育

北京女子大学音乐系毕业生费丽斯（1929年第40期）

澳门一个幼儿园的学生和家长的联欢会（1930年第43期）

萧淑贞（1930年第45期）

钢琴边的二姐妹（1930年第47期）

中华女子体育学校表演的歌舞一（1930年第48期）

中华女子体育学校表演的歌舞二（1930年第48期）

唱歌班上课情形（1930年第49期）

一位女孩练习钢琴（1930年第49期）

上海王瑞娴音乐馆儿童班（1931年第57期）

海防时习学校学生何瑞莲、秀莲姐妹勤习提琴。（1931年第57期）

14岁的邝文英考得伦敦三一音乐院优等奖。（1931年第57期）

革命先进王和顺的第七女儿王懿真习小提琴甚有天赋。（1931年第57期）

爱国女学六周年纪念会之歌舞表演。（1931年第59期）

学生小乐队（1932年第69期）

小学生表演儿童歌舞剧《努力》。（1933年第76期）

纽约之儿童弦乐队（1933年第76期）

少年弦乐组合。（1933年第81期）

音乐系马思聪教授上小提琴个别课（1935年第101期）

广州明心学校培养残疾儿童（1935年第101期）

一位盲童在练习钢琴（1935年第101期）音乐系为提拔天才，在实验附小附设儿童提琴训练班。（1935年第101期）

音乐系史勃曼女士在指导钢琴个别课（1935年第101期）

农村儿童集合唱歌（1938年第118期）

1935年新落成的上音校舍（1935年第122期）

延安边区小学由一儿童领导唱歌班。（1939年第148期）

难民所幼童在琴声中歌唱游戏（1939年第149期）

第二辑 民族音乐

喇嘛教大典礼中之奏乐者（1929年第35期）

南昌关帝庙前的唢呐吹奏者（1929年第35期）

喇嘛乐队（1931年第59期）

华侨舞狮鼓乐队（1931年第59期）

西安社火四图（1934年第87期）

在大成殿前表演之羽舞（1934年第94期）

藏族跳锅庄舞（1935年第110期）

藏族妇女跳锅庄的姿势（1935年第110期）

大锅庄中的武士舞（1935年第110期）

跳锅庄时舞罢对饮即酬复舞（1935年第110期）

青海藏民的婚礼"道喇"（1936年第116期）

普通的"道喇"（1936年第116期）

陕北鼓乐队（1937年第125期）

喇嘛跳神（1939年第147期）

阴历六月六日青海塔尔寺喇嘛跳神（1939年第147期）

跳神大典的前奏曲（1939年第147期）

殿前廊下的鼓钹队奏乐（1939年第147期）

跳神中笑口常开的大头和尚（1939年第147期）

跳神中四个戴骷髅面具的小鬼跟着鼓钹节奏跳舞（1939年第147期）

跳神中四个牛头手执木刀作旋风舞（1939年第147期）

跳神中戴鹿头面具者跳跃舞蹈（1939年第147期）

"跳神"为青海喇嘛寺中一年一度的宗教仪式（1939年第147期）

纤夫们与逆流的江水搏斗。（1939年第148期）

船上的纤夫（1939年第148期）

"咱们拼命用力拉"（1939年第148期）

船夫们划着船向前（1939年第148期）

藏戏八图（1940年第152期）

傈僳族芦笙乐手（1940年第158期）

苗族的吹管乐手（1940年第158期）

快乐的人生（1940年第158期）

藏族女子随音乐节拍起舞（1940年第158期）

藏族跳弦子（1940年第158期）

纳西族歌舞（1940年第158期）

广东北江船夫号子（1941年第163期）

船夫们在悬崖峭壁中拉纤（1941年第163期）

纤夫们与逆流的江水搏斗（1941年第163期）

船夫们在悬崖峭壁中拉纤（1941年第163期）

北江险滩急流惊险万状（1941年第163期）

虽然通铁路，但仍有船只航行（1941年第163期）

第三辑　歌舞、音乐表演

黎明晖表演《葡萄仙子》（1926年第2期）

歌舞家黎明晖（1926年第7期）

歌舞家蔡致和女士（1927年第22期）

日本侨民新年音乐会之小合唱（1927年第22期）

日本侨民新年音乐会之管弦乐合奏（1927年第22期）

王人美与薛玲仙（1928年第29期）

中华少年歌舞团全体演员在南洋（1928年第29期）

带领歌舞团赴南洋表演之黎明晖（1928年第29期）

到南洋演出的徐来（1928年第29期）

秘鲁华侨女子演出美国舞蹈、[美]谢尔芝女士在北京艺术学院表演舞蹈

（1929年第39期）

宝冢少女歌剧团演出歌剧《巴黎公子》、《百花争艳》（1931年第56期）

拍摄有声影片之联华歌舞团小演员（1931年第60期）

联华歌舞团小演员（1931年第60期）

歌剧《雪儿飞霞》演出（1932年第69期）

王人美（1933年第77期）

苏联舞剧《红罂粟花》（1933年第80期）

黎明晖（1934年第87期）

王人美（1934年第94期）

《花月争辉》之一幕（1934年第99期）

美国滑稽歌舞中之罗克舞（1934年第99期）

新兴歌舞班冷燕社社员表演《玉兔舞》、《双人舞》（1934年第99期）

冷燕社歌舞班演员（1934年第99期）

歌舞影片《人间天子》中之一幕（1934年第99期）

艺华歌舞班袁美云在《人间天子》中表演（1934年第99期）

银月歌舞班冯凤之草裙舞（1934年第99期）

国产歌舞片《人间仙子》之一幕（1934年第99期）

王人美（1934年第100期）

徐来（1934年第100期）

徐来（1935年第101期）

陈歌辛新舞剧《罂粟花》六图（1939年第141期）

第四辑　抗日歌声

北平大中学生联合组织之歌咏团太和殿合唱（1935年第106期）

合唱团在演唱（1935年第106期）

总指挥范天祥（1935年第106期）

"起来，不愿做奴隶的人们！"——孩子们的演唱（1939年第143期）

小学生每天早操后在广场上齐唱爱国歌（1936年第120期）

教儿童歌唱各种爱国歌曲（1936年第120期）

湖北教师暑期训练班自动义务教育学生唱歌、游戏（1936年第120期）

云阳西北青年战事短期训练班齐唱救亡歌曲（1938年第135期）

宗教日教友齐唱祈祷和平。抗日将领冯玉祥亲临演说。（1938年第135期）

宗教日基督教徒为祖国军队歌颂（1938年第135期）

西北剧社慰问抗日将士（1938年第135期）

广西女学生军开赴前线途中高唱救亡歌曲（1938年第137期）

练习中之歌曲训练班（1938年第137期）

中国电影制片厂合唱团元旦在重庆举行露天音乐大会（1939年第140期）

抗战的歌声在充满伤兵的医院里（1939年第141期）

中国战时儿童保育会香港分会儿童保育院在教孩子唱歌游戏（1939年第142期）

新四军教导队员组织的女子救亡歌咏小组（1939年第143期）

为山中民众演出抗战歌曲（1939年第145期）

把抗战的歌声传播到老百姓中去（1939年第145期）

七七托儿所孩子们唱歌游戏（1939年第146期）

希望之神在天空中指挥（1939年第147期）

新安儿童旅行团在桂林（1941年第163期）

新加坡华侨举行赈灾音乐会（1941年第165期）

《山城的怒吼》（1941年第165期）

参加合唱之女童子军（1941年第165期）

合唱大会中女声部（1941年第165期）

音乐家贺绿汀教民众学习抗战歌曲（1941年第165期）

民众手持乐谱学唱新歌（1941年第165期）

侨美华人向全美广播《义勇军进行曲》（1941年第166期）

侨美华人合唱团之女声合唱队在广播（1941年第167期）

学生歌咏队练习抗日救亡歌曲（1941年第168期）

第五辑　乐器、乐队

乡童小民乐队（1926年第1期）

上海华童公学之西乐队（1928年第29期）

香港中西游艺大会之军乐队演奏（1928年第33期）

山东女子师范学校之雅乐队（1930年第57期）

日本东京大冢市民馆音乐会（1931年第59期）

德国乐队在监狱给犯人演奏音乐（1931年第59期）

岭南大学铜管乐队迎接校长（1931年第60期）

汉口青年音乐研究会第二次音乐大会留影（1934年第87期）

练习琵琶演奏（1935年第101期）

女反省人在音乐室练习乐器演奏（1935年第102期）

练习三弦演奏（1935年第107期）

反省院犯人的乐队演奏（1935年第110期）

中国海军铜管乐队在行进中演奏（1940年第151期）

国府铜管乐队在行进中演奏（1940年第151期）

马思聪与中华交响乐团在重庆演奏协奏曲（1940年第155期）

菲律宾华侨纪念抗战游行以乐队为前导（1940年第159期）

女士演奏秦琴图（1940年第160期）

德国入侵挪威、丹麦等地后派军乐队在当地演奏（1940年第161期）

德军军乐队在巴黎音乐院门前演奏（1940年第161期）

德国军乐队在捷克首都布拉格街头演奏（1940年第161期）

德国军乐队在丹麦首都演奏（1940年第161期）

第六辑　其他音乐图片

世界上最大的铜管乐器（1926年第1期）

奥迪安大戏院内景（1926年第1期）

功成复唱采菱歌（1926年第3期）

未被焚毁的罗马音乐院门前二图（1927年第13期）

梁启超（1927年第14期）

胡适（1927年第14期）

蔡元培（1927年第14期）

黄炎培（1927年第14期）

田汉（1927年第15期）

音乐家（华社摄影展览会出品）（1928年第25期）

《纸鸢》（1928年第32期）

郭布罗·婉容（1928年第32期）

华社摄影展览出品选刊《弦之音》（1928年第33期）

钢琴教授冷韵清（1928年第33期）

芝加哥华侨新年舞狮（1929年第34期）

留声机之进化二图（1929年第34期）

音乐家周大融与未婚妻蔡西民（1929年第35期）

国立音乐院教授方于（1929年第38期）

美国女明星柯灵慕亚化妆东方女子（1929年第40期）

音乐生活漫画（1931年第58期）

上海剧场三座（1931年第62期）

少女琴心（1933年第83期）

孩子们歌唱基督降生（1933年第83期）

刘半农二图（1934年第91期）

洞箫演奏（1934年第94期）

洞箫演奏（1934年第96期）

电影《桃李劫》海报及三个场景（1934年第100期）

1934年联华影业公司出品一览（1934年第100期）

《大路》中一个场景（1934年第100期）

《新女性》中一个场景（1934年第100期）

美国老人佛利制造的最大的低音提琴与全家合奏（1935年第111期）

徐志摩与陆小曼（1936年第114期）

英国教堂爵士乐舞二图（1936年第119期）

重庆中苏友好协会主办纪念高尔基逝世三周年活动（1939年145期）

纪念会中歌咏队合唱《追悼歌》（1939年第145期）

第七辑　音乐家

上海音乐会成立纪念（1926年第8期）

小提琴家谭抒真（1927年第16期）

G.Ehrenwerth在纽约音乐比赛获金牌（1927年第18期）

音乐家赵梅伯（1927年第18期）

音乐家邱广（1928年第32期）

上海著名歌唱家赛利凡诺夫（1928年第32期）

冼星海（1929年第42期）

丘鹤俦（1930年第46期）

国立音乐院教授朱英（1930年第46期）

吕文成（1931年第57期）

留日华侨小提琴家林树声（1931年第59期）

马思聪（1932年第71期）

声乐家满谦子（1935年第107期）

小提琴家胡静翔（1935年第107期）

聂耳（1935年第108期）

马思聪与大哥和二哥在巴黎（1935年第112期）

马思聪与哥哥在巴黎近郊漫步（1935年第112期）

马思聪在练琴（1935年第112期）

少年马思聪在香港（1935年第112期）

马思聪在法国留学（1935年第112期）

马思聪（1935年第112期）

夏里亚平夫妇抵达上海（1936年第115期）

夏里亚平在上海演唱（1936年第115期）

音乐家唐学咏（1936年第115期）

鼓王刘宝全（1936年第116期）

萧友梅在新落成的上音门前留影（1935年第122期）

音乐家蔡继琨（1937年第124期）

蔡继昆日本获奖作品《浔阳渔火》公演（1937年第124期）

蔡继琨获奖后日本乐坛和中国大使馆举办庆祝茶会（１９３７年第124期）

马思聪在练琴（1940年第155期）

郎毓秀（1941年第168期）

郎毓秀赴欧途经苏伊士运河（1941年第168期）

郎毓秀于意大利热那亚火车站前（1941年第168期）

郎毓秀于巴黎著名雕刻前（1941年第168期）

郎毓秀游巴黎博览会（1941年第168期）

郎毓秀参加音乐院公众考试与同学合影（1941年第168期）

郎毓秀参加比京皇家音乐院技巧考试时与同学在音乐院前（1941年第168期）

郎毓秀参加女声组合唱队祝贺音乐院附设之饭店开幕（1941年第168期）

音乐院同学多喜穿中国旗袍（1941年第168期）

郎毓秀假期旅行时于布鲁塞尔火车站前（1941年第168期）

郎毓秀每逢休假日与同学赴近郊森林聚餐（1941年第168期）

郎毓秀游圣爱娜海滨时在教堂前与同学合影（1941年第168期）

歌唱家张蓉珍（1941年第169期）

歌唱家张蓉珍（1941年第169期）

第八辑　音乐作品

《感遇》（1928年第26期）

《一个黑奴》（1930年第43期）

儿歌《泥娃娃》（1931年第53期）

儿歌《月娘娘》（1931年第53期）

《流水》（1931年第57期）

《黄花岗薤露歌》（1931年第61期）

《布谷》（1932年第65期）

《民族精神》（1932年第66期）

黄自的作品《思乡》（1933年第81期）

黄嘉谟《中国歌舞剧的前途》（1934年第99期）

儿歌九首（1935年第104期）

儿歌《你还睡觉》（1935年第104期）

儿歌《帆船》（1935年第104期）

儿歌《泉水》（1935年第104期）

儿歌《蟋蟀》（1935年第104期）

儿歌《我们明天见》（1935年第104期）

儿歌《太阳照进我房里》（1935年第104期）

儿歌《收获歌》（1935年第104期）

儿歌《学走》（1935年第104期）

儿歌《镜》（1935年第104期）

马思聪《童年追想曲》二图（1935年第112期）

《罂粟花》曲注（1939年第141期）

《嘉陵江上》（1939年第148期）

《寒衣曲》（1939年第149期）

《春恨》（1940年第152期）

《相见欢》（1940年第159期）

郎毓秀《比京学歌记》（1941年第168期）

参考文献

[1] 马国亮：《〈良友〉忆旧——一家画报与一个时代》，三联书店，2002年。

[2] 程德培等：《良友人物》，上海社会科学院出版社，2004年。

[3] 吴果中：《〈良友〉画报与上海都市文化》，湖南师范大学出版社，2007年。

[4] 程德培等：《良友—散文》，上海社会科学院出版社，2004年。

[5] 程德培等：《良友—随笔》，上海社会科学院出版社，2004年。

[6] 程德培等：《良友—小说》（上、下），上海社会科学院出版社，2004年。

[7] 陈平原、夏晓虹编注：《图像晚清（点石斋画报）》，东方出版社，2014年。

[8] 陈平原：《图像晚清〈点石斋画报〉之外》，东方出版社，2014年。

[9] 郭晓云：《用影像诉说历史——〈良友〉画报的传播学研究》，郑州大学硕士学位论文，2011年。

[10] 王楚楚：《〈良友〉和它的时代》，华东师范大学硕士学位论文，2012年。

[11] 张洁亮：《〈良友〉画报的跨文化传播研究》，中南大学硕士学位论文，2012年。

[12] 沈雁君：《〈良友〉画报中的图像叙事研究》，上海师范大学硕士学位论文，2012年。

[13] 韩文：《〈良友〉画报抗战报道研究》，河南大学硕士学位论文，2015年。

[14] 赵家璧：《〈良友〉二十年的坎坷历程》，载《新闻研究资料》，1987年第1期。

[15] 赵家璧：《〈良友〉忆旧》，载《编辑之友》，1987年第3期。

[16] 苏全有、岳晓杰：《对〈良友〉画报研究的回顾与反思》，载《苏州教育学院学报》，2011年第4期。

[17] 李康化：《〈良友〉及其文化效用》，载《上海交通大学学报(社会科学版)》，2002年第2期。

[18] 金秀妍：《可贵的"现代"尝试——〈良友〉画报研究试论》，载《现代中国文化与文学》，2007第1期。

[19] 吴果中：《〈良友〉画报文化地位整体建构的历史考察》，载《现代传播（中国传媒大学学报）》，2007年第3期

[20] 马媛媛、李同法：《〈良友〉画报内容的时代特色》，载《社会科学论坛(学术研究卷)》，2008年第6期。

[21] 杨宏秀：《论租界文化语境下20世纪二三十年代的〈良友〉画报》，载《长江师范学院学报》，2011年第3期。

[22] 陈玲红：《时尚画报的深沉内涵——〈良友〉画报对"启迪民智"愿景的践行》，载《青年记者》，2011年第32期。

[23] 许万丽：《20世纪30年代〈良友〉画报中的西洋画传播》，载《数位时尚（新视觉艺术）》，2011年第2期。

[24] 季芬：《〈良友〉画报的图像传播学分析》，载《江苏社会科学》，2011年第1期。

[25] 姚一鸣：《用〈良友〉来修复记忆》，载《博览群书》，2012年第8期。

［26］吴晓东：《〈良友〉的世界视野》，载《中华读书报》，2012年12月12日。

［27］满建：《民国〈良友〉画报与现代都市时尚话语的建构》，载《内蒙古农业大学学报（社会科学版）》，2014年第6期。

［28］韩文：《心系抗战,图说新闻——抗战时期〈良友〉画报传播特色初探》，载《新闻世界》，2015年第1期。